条文から読み解く

民法「相続法制」

改正点と実務への影響

弁護士
米倉裕樹
著

清文社

はじめに

　民法相続法は、昭和55年に配偶者の法定相続分の引上げや、寄与分制度の新設等がなされて以降、約40年の間、大幅な改正はなされていませんでしたが、法制審議会での約3年に及ぶ審議を経て、今般（平成30年7月6日参議院本会議にて可決・成立、公布同年7月13日法律第72号）、民法及び家事事件手続法の一部を改正する法律（以下「民法等改正法」といい、同法律により改正された民法を以下「新民法」といいます。）が成立しました。

　民法等改正法の特色としては、①生存配偶者の保護、②不公平感の是正、③旧制度の使い勝手の悪さの是正、④最高裁平成28年12月19日決定を受けた対応策、⑤旧民法において曖昧ないし不十分な規定となっていた事項の明確化の5つを挙げることができます。

　まず、①生存配偶者の保護として、相続開始後、それまで被相続人と同居していた配偶者の居住権を保護するための配偶者短期居住権、配偶者居住権が新たに創設されました。また、婚姻期間が20年以上の夫婦の一方配偶者が、他方配偶者に対し、居住用不動産等を贈与等した場合には、持戻し免除の意思表示があったものと推定する規定も創設されることとなりました。

　次に、②不公平感の是正として、遺産の分割前に遺産に属する財産が処分された場合に関する規定の創設、相続の効力等（権利及び義務の承継等）に関する見直し、遺言執行者がある場合における相続人の行為の効果、及び相続人以外の者が被相続人に対し特別の寄与を行ったことによる特別寄与料請求に関する規定等が新たに設けられました。

　また、③旧制度の使い勝手の悪さを是正するために、自筆証書遺言の方式緩和、自筆証書遺言に係る遺言書の保管制度の創設や、遺留分減殺請求

権の効力及び法的性質の見直し（改正後は遺留分侵害額請求権）が行われました。

　さらに、④最高裁平成28年12月19日決定を受けた対応策として、家事事件手続法の保全処分の要件が緩和され、家庭裁判所の判断を経ないで預貯金の払戻しを認める方策が設けられました。

　最後に、⑤これまでの実務や裁判例の考え方をもとに、一部分割、遺贈義務者の引渡義務、遺言執行者の権利義務、及び遺留分に関する諸規定が明文化されました。

　なお、民法等改正法の施行日は、以下、本編において、別途、紹介する場合を除き、公布の日から起算して１年を超えない範囲内において政令で定める日とされ、施行日以降に被相続人が死亡した相続について適用されます（民法等改正法附則１・２）。

　本書は、法制審議会での議事録、参考資料等を参考に、筆者の考えも含め、できる限り実務的な観点から内容面を構成しました。多くの実務家の皆様の一助になれば幸いです。

　最後に、本書の執筆に当たり、懇切丁寧にご指導いただいた清文社編集部の東海林氏には、心から感謝申し上げます。

平成30年7月

弁護士　米倉　裕樹

条文から読み解く民法[相続法制]
改正点と実務への影響

Contents

はじめに

第1章
配偶者の居住権を保護するための方策

第1節 新設された配偶者短期居住権とは　　3

1　趣旨　　3

2　配偶者短期居住権　　4

(1)配偶者短期居住権の成立要件　　5

(2)配偶者短期居住権の内容　　5

(3)収益権限　　6

(4)存続期間　　7

(5)居住建物取得者による居住建物の譲渡等　　8

(6)敷地所有者との関係　　8

(7)抵当権者等との関係　　9

3　配偶者による使用　　9

(1)用法遵守義務　　9

（2）第三者に使用させること　　10

（3）配偶者短期居住権の消滅請求　　10

4　配偶者居住権の取得による配偶者短期居住権の消滅　　11

5　居住建物の返還等　　12

（1）配偶者が居住建物について共有持分を有する場合　　12

（2）収去義務・原状回復義務等　　14

6　使用貸借等の規定の準用　　15

（1）配偶者短期居住権の終了　　15

（2）損害賠償及び費用の償還の請求権についての期間の制限　　16

（3）譲渡禁止　　16

（4）居住建物の修繕等　　16

（5）居住建物の費用の負担　　17

7　適用関係　　17

第2節　新設された配偶者居住権とは　　18

1　趣　旨　　18

2　配偶者居住権　　19

（1）配偶者居住権の成立要件　　20

（2）遺贈に限定されている理由　　20

（3）他の相続人の具体的相続分との関係　　21

（4）被相続人が相続開始の時に居住建物を配偶者以外の者と共有
　　していた場合　　22

（5）配偶者居住権の内容　　23

（6）居住建物が配偶者の財産に属することとなった場合　　24

3	**審判による配偶者居住権の取得**	24
	(1)相続人間での合意　25	
	(2)相続人間での合意がない場合　25	
4	**配偶者居住権の存続期間**	25
	(1)存続期間　25	
	(2)「当分の間」、「別途改めて協議する」との定めについて　26	
	(3)更新の可否　26	
	(4)途中退去　27	
5	**配偶者居住権の登記等**	27
	(1)登記請求権　27	
	(2)第三者対抗要件　28	
	(3)建物所有者との関係　29	
	(4)敷地所有者との関係　29	
	(5)抵当権者との関係　29	
	(6)妨害の停止の請求等　30	
6	**配偶者による使用及び収益**	30
	(1)本条第1項ただし書について　31	
	(2)譲渡禁止　31	
	(3)第三者への使用・収益の制限等　32	
7	**居住建物の修繕等**	32
8	**居住建物の費用の負担**	33
9	**居住建物の返還等**	34
10	**使用貸借及び賃貸借の規定の準用**	34
	(1)配偶者居住権の終了　35	
	(2)損害賠償及び費用の償還の請求権についての期間の制限　35	
	(3)第三者による適法な居住建物の使用または収益　35	

11　適用関係　　36

第2章
遺産分割に関する見直し等

第1節　配偶者保護のための方策（持戻し免除の意思表示の推定規定）　39

1　趣　旨　39

2　特別受益者の相続分　40

（1）本推定規定（民903④）を満たすための要件　40

（2）相続させる旨の遺言　42

（3）本推定規定による効果　43

（4）適用関係　43

第2節　家事事件手続法の保全処分の要件を緩和する方策　44

1　趣　旨　44

2　遺産の分割の審判事件を本案とする保全処分　45

（1）概　要　46

（2）本案係属要件　46

（3）審査基準　46

（4）仮分割による支払いと預貯金債権の債務者（金融機関）との関係　47

第3節　家庭裁判所の判断を経ないで預貯金の払戻しを認める方策　48

1　趣　旨　48

2　遺産の分割前における預貯金債権の行使　49

（1）概　要　49

（2）遺産の分割の審判事件を本案とする保全処分との関係等　51

（3）相続開始時の債権額　51

（4）支払委託契約　51

（5）適用関係　51

第4節　一部分割　52

1　趣　旨　52

2　遺産の分割の協議または審判等　52

（1）本条の規律対象　53

（2）規律の内容　54

（3）一部分割の申立ての趣旨　55

第5節　遺産の分割前に遺産に属する財産が処分された場合の遺産の範囲　56

1　趣　旨　56

2　遺産の分割前に遺産に属する財産が処分された場合の遺産の範囲　57

（1）本条の考え方　57

（2）同意の対象　61

（3）適用対象　62

（4）適用時期　62

（5）第三者による財産処分　　63

（6）遺産の全部の処分　　63

＊Information〈成年年齢引下げ―民法改正〉　　64

第3章
遺言制度に関する見直し

第1節　自筆証書遺言の方式緩和　　69

1　趣　旨　　69

2　自筆証書遺言　　69

（1）概　要　　70

（2）利用方法　　70

（3）加除訂正　　71

（4）契印・同一の印による捺印　　71

（5）適用関係　　71

第2節　自筆証書遺言に係る遺言書の保管制度の創設　　77

1　趣　旨　　77

2　法務局における遺言書の保管等に関する法律　　77

3　制度内容　　78

（1）遺言者と遺言書保管官に関する事項等について　　78

（2）関係相続人等に関する事項について　　79

(3)遺言者による遺言書情報証明書の交付請求　　80

(4)関係相続人等への遺言書の返還　　81

(5)検　認　　81

(6)外国語で作成された自筆証書遺言　　81

(7)適用関係　　82

第3節　遺贈の担保責任等　　83

1　趣　旨　　83

2　遺贈義務者の引渡義務　　83

(1)概　要　　84

(2)民法第996条、第997条第1項と本条との関係　　85

(3)民法第1000条の削除について　　85

(4)適用関係　　85

3　撤回された遺言の効力　　86

第4節　遺言執行者の権限の明確化等　　87

1　趣　旨　　87

2　遺言執行者の権利義務　　87

(1)概　要　　87

(2)適用関係　　88

3　遺言執行者の行為の効果　　88

4　遺言執行者の任務の開始　　89

(1)概　要　　89

(2)適用関係　　89

5　遺贈の履行　　　　　　　　　　　　　　　　　　　89

　（1）概　要　90

　（2）適用関係　90

6　特定財産に関する遺言の執行　　　　　　　　　　90

　（1）本条第2項について　91

　（2）本条第3項について　91

　（3）適用関係　92

7　遺言執行者の復任権　　　　　　　　　　　　　　93

　（1）概　要　93

　（2）適用関係　94

第4章

遺留分制度に関する見直し

第1節 　遺留分減殺請求権の効力及び
　　　　法的性質の見直し　　　　　　　　　　97

1　趣　旨　　　　　　　　　　　　　　　　　　　　97

2　遺留分侵害額の請求　　　　　　　　　　　　　98

　（1）本条第1項について　98

　（2）本条第2項について　99

| 第2節 | 受遺者または受贈者の負担額 | 101 |

1　趣　旨　101

2　受遺者または受贈者の負担額　101

　　(1)本条第1項について　102

　　(2)本条第2項、第4項について　104

　　(3)本条第3項について　104

　　(4)本条第5項について　105

| 第3節 | 遺留分の算定方法の見直し | 106 |

1　趣　旨　106

2　遺留分の算定方法の見直し　107

| 第4節 | 負担付贈与、不相当な対価による有償行為に関する規律 | 109 |

1　趣　旨　109

2　負担付贈与、不相当な対価による有償行為に関する規律　109

　　(1)本条第1項について　110

　　(2)本条第2項について　110

第5章
相続の効力等（権利及び義務の承継等）に関する見直し

第1節 相続による権利の承継に関する規律 　115

1　趣旨 　115
2　共同相続における権利の承継の対抗要件 　116
（1）本条第1項について 　116
（2）本条第2項について 　118
（3）「遺言の内容を明らかにして」の意味について 　119
（4）今後の留意点 　119
（5）適用関係 　119

第2節 義務の承継に関する規律 　120

1　趣旨 　120
2　相続分の指定がある場合の債権者の権利の行使 　120

第3節 遺言執行者がある場合における相続人の行為の効果等 　122

1　趣旨 　122
2　遺言の執行の妨害行為の禁止 　122
（1）概要 　123
（2）善意の内容 　124

（3）相続債権者と債権者　　125

第6章
相続人以外の者の貢献を考慮するための方策

寄与分の検討　　129

1　趣　旨　　129

2　特別の寄与　　130

（1）特別寄与者となり得る者　　131

（2）民法第904条の2での寄与分を定める手続との違い　　131

（3）特別寄与料の額　　131

（4）権利行使期間　　132

（5）特別の寄与　　132

（6）無償要件　　133

（7）管轄　　133

（8）保全処分　　134

資料編

● 「民法及び家事事件手続法の一部を改正する法律」に基づく民法第5編　　137

● 民法及び家事事件手続法の一部を改正する法律附則（一部抜粋）　　175

● 「民法及び家事事件手続法の一部を改正する法律」に基づく家事事件手続法（一部）　　179

● 法務局における遺言書の保管等に関する法律　　182

＊本書の内容は、平成30年7月31日現在の法令通達による。

第 **1** 章

配偶者の居住権を
保護するための方策

第1節

新設された配偶者短期居住権とは

1　趣　旨

　相続によって住み慣れた居住建物を離れ、新たな生活を始めることは残された配偶者にとって精神的にも肉体的にも大きな負担になると考えられ、高齢化社会の進展に伴い、配偶者の居住権を保護する必要性は高まっています。

　相続開始前に配偶者が被相続人所有の建物で居住していた場合には、通常、被相続人の占有補助者としてその建物に居住していたことになりますが、被相続人が死亡することで、その占有補助者としての資格を失ってしまい、居住権限がなくなってしまいます。

　このような不都合を回避するため、最高裁平成8年12月17日判決は、相続人の1人が被相続人の許諾を得て被相続人所有の建物に同居していた場合には、特段の事情のない限り、被相続人とその相続人との間で、相続開始時を始期とし、遺産分割時を終期とする使用貸借契約が成立していたと推認される旨判示しました。

　しかしながら、あくまでも当事者間の合理的意思解釈に基づくものであるため、被相続人が明確にこれとは異なる意思を表示していた場合等には、配偶者の居住権が短期的にも保護されない事態が生じます。例えば、被相続人が配偶者の居住建物を第三者に遺贈した場合には、被相続人の死亡に

よって建物の所有権を取得した当該第三者からの退去請求を拒むことができません。

　そこで、今般、配偶者の短期的な居住権を保護するため、配偶者の短期居住権に関する方策が創設されることとなりました。

2　配偶者短期居住権

第1037条（以下、新民法条文）

1　配偶者は、被相続人の財産に属した建物に相続開始の時に無償で居住していた場合には、次の各号に掲げる区分に応じてそれぞれ当該各号に定める日までの間、その居住していた建物（以下この節において「居住建物」という。）の所有権を相続又は遺贈[1]により取得した者（以下この節において「居住建物取得者」という。）に対し、居住建物について無償で使用する権利（居住建物の一部のみを無償で使用していた場合にあっては、その部分について無償で使用する権利。以下この節において「配偶者短期居住権」という。）を有する。ただし、配偶者が、相続開始の時において居住建物に係る配偶者居住権を取得したとき、又は第891条の規定に該当し若しくは廃除によってその相続権を失ったときは、この限りでない。

一　居住建物について配偶者を含む共同相続人間で遺産の分割をすべき場合　遺産の分割により居住建物の帰属が確定した日又は相続開始の時から6箇月を経過する日のいずれか遅い日

二　前号に掲げる場合以外の場合　第3項の申入れの日から6箇月を経過する日

2　前項本文の場合においては、居住建物取得者は、第三者に対する居住建物の譲渡その他の方法により配偶者の居住建物の使用を妨げてはならない。

3　居住建物取得者は、第1項第一号に掲げる場合を除くほか、い
　つでも配偶者短期居住権の消滅の申入れをすることができる。

　　［1］　法制審議会民法（相続関係）部会第25回会議では、「相続又は遺贈により」
　　　　との部分については趣旨として死因贈与を含むとの回答がなされていま
　　　　す（同議事録PDF版5頁）。

（1）　配偶者短期居住権の成立要件

　被相続人の配偶者が被相続人の財産に属した建物に相続開始の時に無償
で居住していた場合に成立します。被相続人の許諾を得ていたことや、被
相続人と同居していたことまでは必要とされていません。そのため、例え
ば、被相続人が単身赴任しており、相続開始の時点で同居していなかった
ような場合でも配偶者短期居住権は成立します。また、「被相続人の財産
に属した建物」に関して成立しますので、建物が賃借物件であるような場
合には成立しません。

　なお、現行法が法律婚主義を採用していることからすれば、内縁の配偶
者は「被相続人の配偶者」には含まれないと考えられます（後述の「配偶
者居住権」についても同様）。

　もっとも、本条項の創設によっても、内縁の夫婦が同居していた内縁の
夫所有の建物について、両者間で使用貸借契約が黙示的に成立していた旨
判示した大阪高裁平成22年10月21日判決等を廃除するものではありませ
んので、一定の事情が認められる場合には内縁の配偶者であっても相続人
からの建物明渡請求を拒否できる場合は存在します。

（2）　配偶者短期居住権の内容

　配偶者は、相続開始の時に居住していた建物を、後述する存続期間、引
き続き無償にて使用することができます。また、後述する配偶者居住権と
は異なり、配偶者短期居住権によって受けた利益については、配偶者の具

体的相続分からその価額を控除することを要しません。

　居住建物の一部のみを無償で使用していた場合には、その部分についてのみ無償で使用することができます。例えば、2階建ての建物について、1階部分を被相続人の子が店舗として使用し、2階部分を配偶者が居宅として使用していた場合には、配偶者は、短期居住権に基づき当該建物の2階部分に居住できるものの、新たに1階部分まで使用できるようになるわけではありません。配偶者短期居住権はあくまでも配偶者が相続開始時に享受していた居住利益を、その後も一定期間保護することを目的とするため、従前と同様の形態で居住することができるにとどまり、それ以上の利益を配偶者に付与することは相当ではないというのが理由です。

　また、配偶者が短期居住権を取得した場合であっても、相続開始前から配偶者と同居していた他の相続人に対して当該建物からの退去を求めることまでは想定されていません。当該建物は遺産分割終了時まで共同相続人間での共有に属し、他の相続人も各自の持分に応じて当該建物を使用できるほか（民法（以下「民」と略記）898・249）、最高裁平成8年12月17日判決に従い他の相続人に使用借権が認められる事案では、他の相続人は、これを占有権原として主張することもできるからです。

(3)　収益権限

　配偶者短期居住権については、居住建物の「使用」権限のみが認められ、「収益」権限は認められていません。そのため、配偶者が居住建物を第三者に転貸借するなどして収益を得ることはできません。配偶者短期居住権は、あくまでも配偶者の短期的な居住権を保護するために新設された権利であり、かかる趣旨に照らすと、配偶者に収益権限まで認める必要はないというのが理由です。

　もっとも、配偶者が相続開始前に居住建物の一部について収益権限を有していた場合には、通常その部分については被相続人の占有補助者であっ

たとは認められず、相続開始前から被相続人と配偶者との間に使用貸借契約等の契約関係が存在する場合が多いものと考えられます。そのため、その部分については、相続開始後も従前の契約関係が継続すると考えられます。また、居住建物の一部において店舗を営んでいる場合については、あくまでもその店舗における販売等によって利益を上げているにすぎず、建物自体から利益を上げているものとはいえないと考えられます。

（4）　存続期間

①　居住建物について配偶者を含む共同相続人間で遺産の分割をすべき場合

居住建物につき遺言にて帰属が定められておらず、配偶者を含めて遺産分割が行われる場合です。その場合、遺産分割の内容自体は合意に至っており、本来は早期に遺産分割協議が成立し得るにもかかわらず、配偶者が急な転居に対応できないこと等を理由として遺産分割を先延ばしにするような事態を生じさせるのは相当ではありません。

そこで、配偶者短期居住権の存続期間については、

ア）遺産の分割により居住建物の帰属が確定した日、または

イ）相続開始の時から6か月を経過する日

のいずれか遅い日までの間とし、仮に遺産分割協議が早期に成立するような場合でも、相続開始から6か月間、配偶者短期居住権を認めることで調整が図られています。

②　上記①以外の場合

上記①以外の場合、例えば、居住建物を配偶者以外の相続人に相続させるとの遺言がなされていたり、第三者に遺贈するとの遺言がなされているような場合には、それによって居住建物の所有者となった者は、いつでも配偶者短期居住権の消滅の申入れをすることができます。配偶者短期居住権は、かかる消滅の申入れがなされた日から6か月が経過することで消

減します。居住建物の所有権を相続、または遺贈により取得する者がいる場合、本来、配偶者は無権利者となるものの、居住建物を取得した者も基本的には無償で取得したことから、一定期間、配偶者の居住を受忍させるものです。

　なお、配偶者が相続放棄を行った場合にも、居住建物の所有権を相続、または遺贈により取得した者が配偶者短期居住権の消滅の申入れをした日から6か月を経過する日までの間、配偶者は配偶者短期居住権を有します。配偶者が相続放棄をした場合だけでなく、相続分の指定により配偶者の相続分がないとされた場合についても同様です。

（5）　居住建物取得者による居住建物の譲渡等

　配偶者短期居住権については、後述する配偶者居住権とは異なり、第三者対抗力が付与されていません。そのため、居住建物の所有権を相続または遺贈により取得した者（居住建物取得者）が、さらに第三者に居住建物を譲渡等した場合には、配偶者は当該第三者に対し、配偶者短期居住権を対抗することができません。このような居住建物取得者の行為は、本条第2項で定める「居住建物取得者は、第三者に対する居住建物の譲渡その他の方法により配偶者の居住建物の使用を妨げてはならない。」との規定に反するため、配偶者は譲渡等を行った居住建物取得者に対し、債務不履行に基づく損害賠償を請求することが可能です。

（6）　敷地所有者との関係

　相続開始前の敷地所有者が被相続人であった場合には、配偶者は、遺産分割が終了するまでの間は、当該敷地の所有権について法定相続分に応じた持分を有し、その持分に応じて、敷地の全部を使用することができると考えられます。これに対し、相続開始前の敷地所有者が第三者であった場合には、従前から当該敷地につき借地権や地上権といった利用権が設定されていることが通常であることから、配偶者は、相続により、その居住建

物の共有持分を取得することに伴い敷地利用権の共有持分も取得することになると考えられます。したがって、配偶者は、相続開始時の敷地所有者に対しては、その敷地利用権を主張することができ、また、その敷地所有者がその敷地を第三者に譲渡した場合でも、その敷地利用権について対抗要件（民177、借地借家法10）が具備されているときは、譲受人からの土地明渡請求を拒むことができます。

（7） 抵当権者等との関係

居住建物の抵当権者との関係では、相続開始後に設定及び登記がされた抵当権にも劣後することになるため、その抵当権が実行されれば、配偶者は買受人からの明渡請求を拒むことはできません。被相続人の一般債権者が相続開始後に当該建物を差し押さえた場合についても同様です。

3　配偶者による使用

第1038条

1　配偶者（配偶者短期居住権を有する配偶者に限る。以下この節において同じ。）は、従前の用法に従い、善良な管理者の注意をもって、居住建物の使用をしなければならない。
2　配偶者は、居住建物取得者の承諾を得なければ、第三者に居住建物の使用をさせることができない。
3　配偶者が前二項の規定に違反したときは、居住建物取得者は、当該配偶者に対する意思表示によって配偶者短期居住権を消滅させることができる。

（1） 用法遵守義務

使用貸借契約における借主と同様、居住建物について従前の用法に従っ

9

て使用し、善管注意義務を負わせること、居住建物取得者の承諾を得なければ居住建物を第三者に使用させることができないとするものです。配偶者は「従前の用法に従い」居住建物を使用することができますので、例えば、配偶者が相続開始前に住居兼店舗として使用していたのであれば、従前から店舗として使用されていた部分についても、相続開始前と同様の用法である限り、引き続き店舗として使用することができます。

（2） 第三者に使用させること

配偶者は、居住建物所有者の承諾がなければ、第三者に居住建物の使用をさせることはできませんが、ここでの第三者には配偶者の履行補助者は含まれません。そのため、例えば、配偶者を介護するために、その親族が新たに配偶者と同居を始めるような場合は、「第三者に居住建物を使用させた場合」には該当せず、居住建物所有者の承諾は不要です。

「居住建物所有者の承諾」に関し、居住建物につき遺産分割が未了で、共同相続人間での共有状態となっている場合（かつ相続開始日から6か月が経過していない間）には、配偶者を除く他の相続人全員の承諾がなければ居住建物を第三者に使用させることはできないと考えられます。

民法（相続関係）等の改正に関する要綱案においても「配偶者は、他の全ての相続人の承諾を得なければ、第三者に居住建物の使用をさせることができない。」と、「全ての相続人の承諾」を必要としています。なお、民法第1040条第1項では「配偶者が居住建物について共有持分を有する場合は、居住建物取得者は」と規定し、居住建物につき共有持分者がいる場合にも居住建物取得者の存在を前提としていることからすれば、居住建物取得者は遺贈等により単独で所有権を取得した者に限定していません。

（3） 配偶者短期居住権の消滅請求

配偶者が善管注意義務に違反した場合や、居住建物取得者の承諾なく第三者に居住建物を使用させた場合は、居住建物取得者は配偶者短期居住権

の消滅を請求することができます。

　遺贈等により単独で居住建物取得者となった場合には、その者のみによって配偶者短期居住権の消滅を請求できますが、居住建物につき遺産分割が未了で、相続人の共有状態となっている場合（かつ相続開始日から6か月が経過していない間）でも、配偶者以外の相続人が単独で配偶者短期居住権の消滅を請求できるかが問題となります。

　この点、遺産の一部である居住建物の資産価値が毀損されることを防止し、配偶者短期居住権を早期に消滅させて居住建物の資産価値を保全する必要性が高いといえる場合には、用法遵守義務違反を理由とする消滅請求については、保存行為としての性質を有するものとして、配偶者以外の相続人は単独にて行使できると考えられます[2]。

　なお、配偶者が短期居住権の取得後に再婚した場合であっても、これにより直ちに配偶者の居住権保護の必要性が低下するとまではいい難いことから、配偶者の再婚は短期居住権の消滅事由とはされていません。

> ［2］　法制審議会においては単独行使を前提とし、民法（相続関係）等の改正に関する要綱案でも、当初、「他の相続人は、各自」とされていたものの、最終的には「他の相続人は」となっていることからすれば、配偶者以外の相続人が常に単独にて消滅請求できるかどうかは必ずしも明らかではありません。

4　配偶者居住権の取得による配偶者短期居住権の消滅

第1039条

　配偶者が居住建物に係る配偶者居住権を取得したときは、配偶者短期居住権は、消滅する。

　後述のとおり、配偶者居住権は、登記請求権や第三者対抗力が認められ

ているなど、配偶者短期居住権よりも強力な居住権として構成されており、配偶者短期居住権を有する配偶者が配偶者居住権を取得した場合には、その時点からより保護の厚い配偶者居住権に基づく居住を認めることが、配偶者の保護に資するとの観点から設けられた規定です。

なお、配偶者が居住建物の占有を失った場合については規定されていませんが、通常、そのような場合には権利の放棄として捉えれば足り、占有の喪失により配偶者短期居住権が消滅するとすることで、かえって第三者による不当な占有侵奪によっても短期居住権が消滅するとの誤解が生じるおそれがあるとの理由から、消滅原因として特に明文化されていません。

5 居住建物の返還等

第1040条

1　配偶者は、前条に規定する場合を除き、配偶者短期居住権が消滅したときは、居住建物の返還をしなければならない。ただし、配偶者が居住建物について共有持分を有する場合は、居住建物取得者は、配偶者短期居住権が消滅したことを理由としては、居住建物の返還を求めることができない。
2　第599条第1項及び第2項並びに第621条の規定は、前項本文の規定により配偶者が相続の開始後に附属させた物がある居住建物又は相続の開始後に生じた損傷がある居住建物の返還をする場合について準用する。

（1）　配偶者が居住建物について共有持分を有する場合

配偶者が居住建物の共有持分を有する場合には、持分に応じて居住建物の全部を使用することができ（民249）、たとえ共有持分の過半数を超える

者であっても、配偶者に対し当然に居住建物の明渡しを請求することができるわけではありません（最判昭41年5月19日参照）。

　配偶者が居住建物の共有持分を有し、かつ、短期居住権を有するような場合には、仮に、短期居住権が終了することで他の共有者に対して返還義務を負うとすれば、配偶者が共有持分のみを有していた場合と比べ均衡を失することとなります。そこで、本条第1項では、配偶者が居住建物の共有持分を有する場合には、配偶者短期居住権が消滅した場合であっても、配偶者は居住建物の返還義務を負わないこととしています。なお、この場合の法律関係については、一般の共有法理の解釈に委ねられることとなります。

（参考）最高裁昭和41年5月19日判決

　「共同相続に基づく共有者の一人であつて、その持分の価格が共有物の価格の過半数に満たない者（以下単に少数持分権者という）は、他の共有者の協議を経ないで当然に共有物（本件建物）を単独で占有する権原を有するものでないことは、原判決の説示するとおりであるが、他方、他のすべての相続人らがその共有持分を合計すると、その価格が共有物の価格の過半数をこえるからといつて（以下このような共有持分権者を多数持分権者という）、共有物を現に占有する前記少数持分権者に対し、当然にその明渡を請求することができるものではない。けだし、このような場合、右の少数持分権者は自己の持分によつて、共有物を使用収益する権原を有し、これに基づいて共有物を占有するものと認められるからである。従つて、この場合、多数持分権者が少数持分権者に対して共有物の明渡を求めることができるためには、その明渡を求める理由を主張し立証しなければならないのである。」

13

（2） 収去義務・原状回復義務等

　配偶者短期居住権と使用借権の類似性を考慮し、配偶者が相続開始後に、居住建物に付属させた物がある場合には、使用貸借での借主による収去等を定めた民法第599条第1項及び第2項準用により処理されます。その結果、配偶者短期居住権消滅により、居住建物を返還するに当たっては、原則として、付属させた物を収去する義務を負います。

　他方、原状回復義務については、使用貸借での借主の原状回復義務を定めた民法第599条第3項ではなく、賃貸借での賃借人による原状回復義務を定めた民法第621条が準用されます。賃貸借での賃借人による原状回復義務を定めた民法第621条では、目的物を受け取った後にこれに生じた損傷に関し、「通常の使用及び収益によって生じた賃借物の損耗並びに賃借物の経年変化」については原状回復の対象としていませんが、使用貸借での借主の原状回復義務を定めた民法第599条第3項では、それらについても原状回復の対象としています。

　これは、そもそも配偶者短期居住権では使用期間が短期間に限定されていることや、例えば、遺産分割の場合であれば、経年変化等により、相続開始時の評価額と遺産分割時の評価額が違っている場合でも、遺産分割時での財産評価額を基準に分配していることからすれば、遺産分割においては経年変化等については相続人が全員で負担することを前提としているとの考え方を考慮したものです。

（**参考**）〈民法〈債権法〉改正後の新条文〉

（借主による収去等）

第599条

1　借主は、借用物を受け取った後にこれに附属させた物がある場合において、使用貸借が終了したときは、その附属させた物を収去する義務を負

う。ただし、借用物から分離することができない物又は分離するのに過分の費用を要する物については、この限りでない。

2 借主は、借用物を受け取った後にこれに附属させた物を収去することができる。

3 借主は、借用物を受け取った後にこれに生じた損傷がある場合において、使用貸借が終了したときは、その損傷を原状に復する義務を負う。ただし、その損傷が借主の責めに帰することができない事由によるものであるときは、この限りでない。

（賃借人の原状回復義務）

第621条

賃借人は、賃借物を受け取った後にこれに生じた損傷（通常の使用及び収益によって生じた賃借物の損耗並びに賃借物の経年変化を除く。以下この条において同じ。）がある場合において、賃貸借が終了したときは、その損傷を原状に復する義務を負う。ただし、その損傷が賃借人の責めに帰することができない事由によるものであるときは、この限りでない。

6 使用貸借等の規定の準用

第1041条

第597条第3項、第600条、第616条の2、第1032条第2項、第1033条及び第1034条の規定は、配偶者短期居住権について準用する。

（1） 配偶者短期居住権の終了

民法第597条第3項が準用されることにより、配偶者短期居住権は、配偶者が死亡した場合には終了します。なお、配偶者の死亡により配偶者短期居住権が終了した場合には、配偶者の相続人が配偶者の義務（原状回復

義務等）を相続することになります。

　また、配偶者短期居住権は配偶者の居住建物を目的とする権利である以上、居住建物の全部が滅失その他の事由により使用することができなくなった場合にも、配偶者短期居住権は終了します（民616の 2 準用）。

（2）　損害賠償及び費用の償還の請求権についての期間の制限

　配偶者短期居住権は、基本的に、最高裁平成 8 年12月17日判決で認められた使用借権と同様の性質を有するものとして構成され、その効力については、おおむね使用借権と同様の規律が設けられています。

　使用貸借については、民法の一部を改正する法律（債権法改正）において、損害賠償及び費用の償還の請求権についての期間制限が設けられているところ（民600）、配偶者短期居住権についてもその趣旨が妥当すると考えられることから、同条を準用しています。

　その結果、配偶者が用法遵守義務に違反することで生じた損害の賠償や、配偶者が支出した費用（特別の必要費や有益費）の償還は、居住建物取得者が居住建物の返還を受けた時から 1 年以内に請求しなければならず、損害賠償請求権については、居住建物取得者が居住建物の返還を受けた時から 1 年を経過するまでの間は、時効は、完成しません。

（3）　譲渡禁止

　使用貸借の場合と同様、配偶者は、配偶者短期居住権を譲渡することができません（民1032②準用）。

（4）　居住建物の修繕等

　配偶者短期居住権は配偶者の居住を保護しようとするものであり、配偶者による即時の修繕を認める必要性が高いこと、後述のとおり、配偶者に通常の必要費を負担させる以上、配偶者において第一次的に修繕方法を決められるようにするのが相当であること、他の相続人が第一次的な修繕権を有することとすると、紛争性のある事案では、配偶者を退去させる口実

に使われるおそれがあること等を考慮して、配偶者が第一次的な修繕権を有することとし、配偶者が相当の期間内に修繕をしない場合には、居住建物取得者において修繕ができる等としています（民1033準用）。

（5）　居住建物の費用の負担

　必要費と有益費の負担に関し、使用貸借の場合と同様の規律（民1034・583②[3]）が設けられています。すなわち、通常の必要費（固定資産税、通常の修繕費等）は配偶者の負担とする一方、特別の必要費（不慮の風水害により家屋が損傷した場合の修繕費等）や有益費（建物に造作を施した費用等）については居住建物取得者の負担とした上で、これらを配偶者が支出した場合には、居住建物取得者に対し、民法第196条の規律に従って、その償還を求めることができるとしています（もっとも固定資産税の納税義務者は固定資産の所有者とされていることから、居住建物取得者が固定資産税を納付して配偶者に求償することとなります）。償還すべき有益費が高額の場合には、居住建物取得者による一括償還が困難となることから、裁判所が相当の期限を許与することができるとしています。

> ［3］　なお、配偶者居住権に関する民法第1034条が使用貸借での借用物の費用の負担に関する民法第595条と同様の構造をとっています。

7　適用関係

　配偶者短期居住権は、民法等改正法公布の日から起算して2年を超えない範囲内において政令で定める日以降に開始した相続について適用され、それ以前に開始した相続についての適用はありません（民法等改正法附則10・1四）。

第2節

新設された配偶者居住権とは

1　趣　旨

　近年の高齢化社会の進展により、相続開始時点で配偶者がすでに高齢となっている事案が増加しており、平均寿命の伸長により、配偶者の居住権を長期にわたり保護する必要性が高まっています。

　そこで、一定の要件を満たす場合に、居住建物の使用のみを配偶者に認める権利が新たに創設されました。建物の財産的価値を居住権部分とその残余部分とに二分することで、遺産分割の際に、配偶者が居住建物の所有権を取得する場合よりも低廉な価額で居住権を確保することが可能となります。

　配偶者居住権を取得した場合には、居住建物の所有権を取得した場合とは異なり、原則として、その建物を賃貸して利益を得たり、これを処分したりすることはできません。配偶者居住権は、あくまでもその居住建物を使用することができれば足り、それ以外の権限行使は必要がないという一部のニーズに応えるものとして創設されたものであり、必ずしも配偶者が被相続人所有の建物に居住している場合に一般的に使われることを想定したものではありません。

　配偶者居住権の存続期間が相当長期に及ぶ場合には、配偶者居住権の評価額は、配偶者が居住建物の所有権を取得する場合とさほど変わらないと

考えられるため、配偶者居住権は、例えば、遺産分割時に配偶者がある程度高齢に達している場合に、新たな遺産分割方法の選択肢として、より有効性を発揮するものと考えられます。

その他にも、例えば、それぞれ子がいる高齢者同士が再婚した場合に、自宅建物を所有する者は、遺言によって、その配偶者に配偶者居住権を取得させてその居住権を確保しつつ、自宅建物の所有権を自分の子に取得させることもできます。このように、配偶者居住権は、遺産分割等の場面で配偶者の居住権を確保するための新たな選択肢として利用されることが期待されます。

2 配偶者居住権

第1028条

1 被相続人の配偶者（以下この章において単に「配偶者」という。）は、被相続人の財産に属した建物に相続開始の時に居住していた場合において、次の各号のいずれかに該当するときは、その居住していた建物（以下この節において「居住建物」という。）の全部について無償で使用及び収益をする権利（以下この章において「配偶者居住権」という。）を取得する。ただし、被相続人が相続開始の時に居住建物を配偶者以外の者と共有していた場合にあっては、この限りでない。
　一　遺産の分割によって配偶者居住権を取得するものとされたとき。
　二　配偶者居住権が遺贈の目的とされたとき。
2 居住建物が配偶者の財産に属することとなった場合であっても、他の者がその共有持分を有するときは、配偶者居住権は、消滅しない。
3 第903条第4項の規定は、配偶者居住権の遺贈について準用する。

（1） 配偶者居住権の成立要件

　被相続人の配偶者が被相続人の財産に属した建物に相続開始の時に居住していた場合に、

　　①　遺産分割により配偶者が配偶者居住権を取得するものとされたときまたは、

　　②　配偶者居住権が遺贈の目的とされたとき

に成立します。「被相続人の財産に属した建物」に関して成立するため、建物が賃借物件であるような場合には成立しません。配偶者が相続開始の時に居住建物の一部しか使っていなかったような場合でも、配偶者短期居住権とは異なり、居住建物の全部について配偶者居住権が成立します。

（2） 遺贈に限定されている理由

　配偶者が配偶者居住権を取得することで、持戻し免除の意思表示が認められる場合を除き、配偶者は配偶者居住権の財産的価値に相当する金額を相続したものと扱われます。その結果、配偶者は、自己の具体的相続分から配偶者居住権の財産的価値を控除した残額についてしか遺産を取得できません。

　そのため、配偶者居住権を取得せずに、その分、他の相続財産を取得したいと希望する配偶者も少なくはないと考えられます。

　この点、配偶者居住権を配偶者に相続させる旨の遺言とした場合には、配偶者は相続そのものを放棄しない限り、配偶者居住権を放棄することができません。他方で、配偶者居住権を配偶者に遺贈するとの遺言とした場合には、配偶者は遺贈の放棄を行うことで配偶者居住権のみを放棄することが可能となります（民986①）。そこで、このような選択肢を配偶者に与えるため、被相続人が遺言にて配偶者居住権を配偶者に取得させたい場合には、遺贈によってのみ行うこととされました[4]。もっとも、仮に、配偶者居住権を配偶者に相続させる旨の遺言とした場合でも、後述のとおり、

遺贈と解すべき特段の事情があるとして（最判平成3年4月19日参照）、配偶者居住権を遺贈したものとして扱うことは可能と考えます。

　なお、本条第3項では、新設された民法第903条第4項（持戻し免除の意思表示の推定規定）を配偶者居住権の遺贈について準用しています。そのため、婚姻期間が20年以上の夫婦の一方である被相続人が、配偶者に対し、配偶者居住権を遺贈の目的とした場合には、被相続人はその遺贈について持戻し免除の意思表示をしたものと推定されます。その結果、反証なき限り、自己の具体的相続分から配偶者居住権の財産的価値を控除した残額についてしか配偶者が遺産を取得できないといった事態は回避されます。

> ［4］　民法（相続関係）等の改正に関する要綱案では、「被相続人と配偶者との間に、配偶者に配偶者居住権を取得させる旨の死因贈与契約があるとき。」との要件も記載されていましたが法案では削除されています。

（3）　他の相続人の具体的相続分との関係

　配偶者が配偶者居住権を取得する場合、持戻し免除の意思表示が認められる場合を除き、配偶者居住権の財産的価値に相当する金額を相続したものと扱われます。

　そのため、配偶者居住権の財産的価値が配偶者の具体的相続分を超えるような場合には、遺産分割の際、超過分につき代償金にて解決する等の検討が必要となってきます。

　これに対し、被相続人が遺贈により配偶者居住権を配偶者に取得させる場合には、配偶者の具体的相続分を超えるかどうかは直ちに問題とはならず、一定の要件を満たす場合には、当該遺贈について持戻し免除の意思表示が推定されることとなるため（本条3項）、より配偶者保護が図られることとなります。

　このように、持戻し免除の意思表示が認められる場合を除き、配偶者居

住権の財産的価値が考慮されますので、配偶者が配偶者居住権を取得しても、原則として、他の相続人の具体的相続分は変わりません。

しかしながら、配偶者居住権の財産的評価額と配偶者居住権の負担が付いた居住建物の評価額の合計額が、配偶者居住権の負担がないとした場合の居住建物の評価額より低くなることもあり得[5]、そのような場合には、他の相続人の具体的相続分を害する可能性があります。

> ［5］ 法制審議会民法（相続関係）部会第19回参考人提出資料（「長期居住権についての具体例」についての意見・公益社団法人日本不動産鑑定士協会連合会）参照。

（4） 被相続人が相続開始の時に居住建物を配偶者以外の者と共有していた場合

本条第1項ただし書では、「被相続人が相続開始の時に居住建物を配偶者以外の者と共有していた場合にあっては、この限りでない。」と規定しているところ、これは、①配偶者が居住建物について共有持分を有するときであっても配偶者居住権を取得することができること、②被相続人が相続開始の時に居住建物を配偶者以外の者と共有していた場合については、配偶者居住権は成立しないことを定めたものです。

まず、①については、相続開始前から配偶者が被相続人とともに居住建物について共有持分を有していた場合や、配偶者が相続により居住建物の共有持分を取得した場合を含みます。この点、配偶者居住権の趣旨が配偶者の従前の住居における生活を保護するものであることからすると、配偶者が居住建物の共有持分を有している場合には、自己の持分に基づいて居住建物を使用できる以上、配偶者居住権を成立させる必要はないとも考えられます。しかしながら、このような場合であっても、他の共有者から使用料相当額の不当利得返還請求、または共有物分割請求がされた場合には、配偶者が居住建物での居住を継続することができなくなるおそれがあり、

配偶者居住権の成立を認める必要性が生じます。そこで、配偶者に従前どおり居住建物に無償で居住することを認めるために、配偶者が居住建物の共有持分を有する場合であっても、配偶者居住権を取得することができるとしています。

　他方で、②被相続人が相続開始の時に居住建物を配偶者以外の者と共有していた場合、例えば相続開始前から居住建物につき被相続人と第三者との共有となっていたような場合には、配偶者居住権は成立しません。このような場合に配偶者居住権を成立させると、当該第三者についても配偶者居住権の債務者として扱うこととなりますが、被相続人の遺言や共同相続人間の遺産分割により、一方的に配偶者による無償の居住を受忍させることはできないというのが理由です。当該第三者が同意した場合には配偶者居住権の成立を認めることも考えられますが、配偶者居住権は、被相続人が居住建物について有していた権利の一部を独立の権利と捉えて相続によって承継させようとするものであり、当該第三者の同意によって生じた権利を同質のものと扱うことはできません。そこで、被相続人が建物について共有持分のみを有する場合には、配偶者とともに共有している場合に限って配偶者居住権が成立することとされています。

（5）　配偶者居住権の内容

　配偶者が相続開始の時に居住建物の一部しか使っていなかったような場合でも、配偶者短期居住権とは異なり、居住建物の全部について無償で、従前の用法に従い、使用及び収益することができます。また、配偶者居住権については、従前の使用及び収益の状況に応じた財産評価が行われることから、被相続人の生前に被相続人または配偶者が居住建物をもって収益していた場合には、相続開始後においても配偶者がその収益権限を承継することができると考えられます。

（6）　居住建物が配偶者の財産に属することとなった場合

　配偶者居住権が成立した後、配偶者が居住建物の共有持分を有することとなった場合であっても、他の共有者が配偶者に対して使用料相当額の不当利得返還請求をしたり、共有物分割を求めたりすることで、配偶者が居住建物に居住することができなくなることがあり得ます。そこで本条第2項では、配偶者が居住建物の共有持分を取得することとなった場合であっても、配偶者居住権を存続させる必要があることから、借地借家法第15条第2項[6]類似の規律を設け、配偶者居住権が消滅しないこととしています。

> ［6］　借地借家法第15条第2項「借地権が借地権設定者に帰した場合であっても、他の者と共にその借地権を有するときは、その借地権は、消滅しない。」

3　審判による配偶者居住権の取得

第1029条

1　遺産の分割の請求を受けた家庭裁判所は、次に掲げる場合に限り、配偶者が配偶者居住権を取得する旨を定めることができる。
　一　共同相続人間に配偶者が配偶者居住権を取得することについて合意が成立しているとき。
　二　配偶者が家庭裁判所に対して配偶者居住権の取得を希望する旨を申し出た場合において、居住建物の所有者の受ける不利益の程度を考慮してもなお配偶者の生活を維持するために特に必要があると認めるとき（前号に掲げる場合を除く。）。

（1） 相続人間での合意

　共同相続人間に配偶者が配偶者居住権を取得することについて合意が成立しているときは、家庭裁判所は、配偶者が配偶者居住権を取得する旨の審判を下すことができます。

（2） 相続人間での合意がない場合

　それに対し、共同相続人間での合意が存在しない場合に、配偶者が家庭裁判所に対して配偶者居住権の取得を希望する旨を申し出たときは、居住建物の所有者の受ける不利益の程度を考慮してもなお配偶者の生活を維持するために特に必要があると認めるときに限り、配偶者居住権を取得させる旨の審判を下すことができます。

　なお、上記 **(1)** の場合も含め、「遺産の分割の請求を受けた家庭裁判所」による審判である以上、居住建物の所有者は共同相続人の1人もしくは共同相続人間での共有（本条第1項ただし書の場合を除く）であることが前提です。

4　配偶者居住権の存続期間

> **第1030条**
>
> 　配偶者居住権の存続期間は、配偶者の終身の間とする。ただし、遺産の分割の協議若しくは遺言に別段の定めがあるとき、又は家庭裁判所が遺産の分割の審判において別段の定めをしたときは、その定めるところによる。

（1） 存続期間

　被相続人が遺贈により配偶者に配偶者居住権を取得させる場合や、配偶者が遺産分割協議により配偶者居住権を取得するに当たり、存続期間の定

めがないことを理由に配偶者居住権が無効となることを避けるため、本条本文にて、配偶者居住権の存続期間は配偶者の終身の間とし、本条ただし書にて、遺産分割協議、もしくは遺言に別段の定めがあるとき、または家庭裁判所が遺産の分割の審判において別段の定めをしたときは、その定めるところによるとしています。

（2）「当分の間」、「別途改めて協議する」との定めについて

配偶者居住権は、配偶者が無償で建物を使用することができるにもかかわらず、第三者対抗力がある点にその存在意義があるところ、存続期間が「当分の間」等とされている場合には、そのような権利の登記を認めることはできません（不動産登記法81二）。

そのため、共同相続人間で、「当分の間」、または「別途改めて協議する」までの間、配偶者を居住建物に居住させるとの合意がなされたとしても、配偶者居住権を登記できない不安定な状態が続くこととなります。

（3） 更新の可否

配偶者居住権については、存続期間の満了によって当然に消滅することとし、期間の更新を認めることは予定されていません。

なお、存続期間の満了後、配偶者と居住建物の所有者との間で合意による配偶者居住権の存続が認められるかどうか問題となりますが、配偶者が配偶者居住権を取得する際には存続期間に見合った財産的価値を取得したものとしてその具体的相続分が考慮されているにもかかわらず、存続期間満了後の合意により、以後も対価なく存続するとなれば、過去に評価された配偶者居住権の財産的価値やそれを前提とした遺産配分、遺留分等に影響を与えることとなり、事後的な修正も困難であるため認められないものと考えます。

もっとも、配偶者居住権を存続させるための合意ではなく、別途、当事者間において新たに使用貸借や賃貸借契約を締結すること自体は許される

ものと考えられます。

（4）　途中退去

　配偶者が例えば施設の入居等により居住建物から転居せざるを得なく
なったような場合には、配偶者が配偶者居住権を放棄することを条件とし
て、それによって利益を受ける居住建物の所有者から金銭の支払いを受け
ることが考えられます。配偶者と居住建物の所有者との間でこのような合
意が成立すれば、配偶者は配偶者居住権を事実上換価することが可能です。

5　配偶者居住権の登記等

> **第1031条**
>
> 1　居住建物の所有者は、配偶者（配偶者居住権を取得した配偶者に限
> 　る。以下この節において同じ。）に対し、配偶者居住権の設定の登記
> 　を備えさせる義務を負う。
> 2　第605条の規定は配偶者居住権について、第605条の4の規定は
> 　配偶者居住権の設定の登記を備えた場合について準用する。

（1）　登記請求権[7]

　この点、法制審議会では、配偶者居住権に関し、配偶者による単独申請
の可否について検討されていたものの、居住建物の所有者を登記義務者と
観念することができる以上、不動産登記法の基本的な考え方を修正してま
で配偶者による単独申請を認める必要性はないとして、配偶者に登記請求
権を認めるにとどめ、配偶者による単独申請までは認められませんでした。

　　　[7]　登記義務の履行を命ずる審判は、執行力のある債務名義と同一の効力
　　　　　を有するものとされているため（家事事件手続法75）、一方の当事者に対
　　　　　し、特定の登記義務の履行を命ずる審判が確定したときは、その者の登

記申請の意思表示が擬制され（民事執行法174①本文）、他方の当事者は、単独で当該登記の申請をすることができると考えられます。

　居住建物の所有権の移転の登記が未了である場合には、配偶者居住権を取得した配偶者は、その設定の登記の前提として、保存行為（民252）により、相続を原因とする所有権の移転の登記等を申請する必要があります。

　なお、配偶者居住権の設定を命じる遺産分割審判においては、以下のような登記手続を併せて命じることになるものと考えられます（家事事件手続法196）。

「被相続人の遺産を次のとおり分割する。

　1　配偶者Ａに対し、別紙物件目録記載の建物（以下「本件建物」という。）につき存続期間を配偶者Ａの終身の間とする長期居住権を設定する。

　2　相続人Ｂは、本件建物の所有権を取得する。

　3　相続人Ｂは、配偶者Ａに対し、本件建物につき、第１項記載の長期居住権を設定する旨の登記手続をせよ。

　4　（以下略）」

（2）　第三者対抗要件

　配偶者居住権の法的性質については、賃借権類似の法定の債権と位置づけられています。もっとも、賃借権とは異なり、対抗要件を登記のみとし（本条②・605）、建物の占有は対抗要件とはされていません。

　これは、①配偶者居住権においては、相続開始時に配偶者がその建物に居住していたことがその成立要件とされており、占有を対抗要件として認めると、ほぼすべての事案で配偶者居住権の成立と同時に対抗要件を取得することになること、②そのため、占有を対抗要件として認めると、被相

続人の債権者が相続開始前に差押え等の債権保全手段を講ずるなどして、かえって配偶者の居住権が保護されない事態が生じること、③賃借権の場合には、その目的建物の所有権を取得した者が賃借権の存在を知らなかった場合でも、その後の賃料を取得することができるのに対し、配偶者居住権の場合には、その存続期間中の賃料収入すら得られないことになるため、第三者に権利の内容を適切に公示すべき必要性がより高いと考えられること等を考慮したものです。

（3）　建物所有者との関係

　配偶者は、遺産分割により建物所有権を取得した他の相続人に対し、配偶者居住権を主張することができ、他の相続人から建物所有権を譲り受けた第三者に対しても、配偶者居住権登記を具備している限り、これを対抗することができます。

（4）　敷地所有者との関係

　例えば、被相続人が建物とその敷地を所有しており、遺産分割において、配偶者が配偶者居住権を、他の相続人がその建物とその敷地の所有権を取得した場合に、他の相続人がその後、第三者にその敷地を譲渡したときでも、その譲渡の際に建物のために敷地利用権（地上権、賃借権等）が設定されていれば、配偶者は、当該第三者に対し、建物所有者が有する敷地利用権を援用することができ、第三者からの建物退去請求を拒むことができます。これに対し、例えば、遺産分割により建物とその敷地の所有権を取得した他の相続人が、その建物のための敷地利用権を設定せずにその敷地を第三者に売却した場合には、配偶者は、その第三者に対し、敷地の占有権原を主張することができない結果、第三者からの建物退去請求を拒むことはできません。

（5）　抵当権者との関係

　建物の抵当権者との関係では、抵当権者が相続開始前に対抗要件を具備

していた場合には、配偶者居住権は当該抵当権に劣後することになるため、当該抵当権の実行により建物を買い受けた者による明渡しを配偶者は拒むことはできません。もっとも、このような場合には、配偶者は遺産分割の時点で予め抵当権の存在を知ることができるため、そもそも配偶者居住権の取得に慎重を期すことが期待され、必ずしも配偶者の保護に欠けることにはならないと考えられます。これに対し、配偶者が配偶者居住権を取得し、対抗要件（登記）を備えた後に抵当権者が当該建物の抵当権設定登記をした場合には、配偶者は当該抵当権者に対し、配偶者居住権を対抗することができます。配偶者が配偶者居住権の対抗要件を備えた後に相続債権者が当該建物を差し押さえた場合も同様です。

（6）　妨害の停止の請求等

　配偶者居住権については、基本的に、賃借権と同様の性質を有するものとして構成されています。賃貸借については、民法の一部を改正する法律（債権法改正）にて、第三者に対して妨害排除請求をすることができることとされ（民605の4）、配偶者居住権についてもその趣旨が妥当すると考えられることから、同様の規律（民605の4）が本条第2項にて準用されています。そのため、配偶者居住権の設定の登記を備えた場合に、居住建物の占有を第三者が妨害しているときは、その第三者に対する妨害の停止を請求でき、第三者が居住建物を占有しているときは、その第三者に対し返還の請求を行うことができます。

6　配偶者による使用及び収益

第1032条

1　配偶者は、従前の用法に従い、善良な管理者の注意をもって、居住建物の使用及び収益をしなければならない。ただし、従前居住

の用に供していなかった部分について、これを居住の用に供することを妨げない。

2　配偶者居住権は、譲渡することができない。

3　配偶者は、居住建物の所有者の承諾を得なければ、居住建物の改築若しくは増築をし、又は第三者に居住建物の使用若しくは収益をさせることができない。

4　配偶者が第1項又は前項の規定に違反した場合において、居住建物の所有者が相当の期間を定めてその是正の催告をし、その期間内に是正がされないときは、居住建物の所有者は、当該配偶者に対する意思表示によって配偶者居住権を消滅させることができる。

（1）　本条第1項ただし書について

　配偶者居住権は、配偶者が相続開始の時に建物の少なくとも一部を居住の用に供していたことを要件として、建物の全部に成立しますので、例えば、相続開始前から、当該建物の一部を店舗として使用していたり、第三者に建物の一部を転貸していたりするような場合も考えられます。このような場合、相続開始後に店舗の営業をやめ、転借人との転貸借が終了したときでも、配偶者は、全体について配偶者居住権を有している以上、居住建物の所有者の承諾がなかったとしても、善良な管理者の注意をもって、元々店舗として使っていた部分や、転貸の目的となっていた部分を居住の用に供することを認めるものです。

（2）　譲渡禁止

　配偶者居住権は配偶者自身の居住環境の継続性を保護するためのものである以上、第三者に対して配偶者居住権の譲渡を認めることは、制度趣旨との関係で必ずしも整合的であるとはいえず、法制的にも問題があるとして、配偶者居住権の譲渡は認められていません。

仮に、配偶者と居住建物の所有者が、配偶者居住権の負担のない所有権全体を譲渡したい場合には、配偶者が配偶者居住権を放棄することで配偶者居住権を消滅させた上で、負担のない所有権全体を譲渡することが考えられます。

（3） 第三者への使用・収益の制限等

配偶者居住権については、基本的に、賃借権と同様の性質を有するものとして構成されており、かかる観点から、居住建物の所有者の承諾を得なければ、居住建物の改築もしくは増築をし、または第三者に居住建物の使用または収益をさせることができません。配偶者が本条第1項の用法遵守義務に違反したり、第三者への使用・収益制限に違反した場合であっても、配偶者居住権保護の重要性に鑑み、直ちに配偶者居住権の消滅を請求できることとせず、居住建物の所有者は、相当の期間を定めてその是正の催告をし、その期間内に是正がされないときに、当該配偶者に対する意思表示によって配偶者居住権を消滅させることとしています。

その場合、例えば、配偶者居住権の存続期間を20年、財産的価値を1,000万円と評価した上で遺産分割協議により配偶者が配偶者居住権を取得したとして、配偶者の用法遵守義務違反等により配偶者居住権が5年で終了したような場合であっても、残り15年分の財産的価値の精算が行われることはありません。

7 居住建物の修繕等

第1033条

1　配偶者は、居住建物の使用及び収益に必要な修繕をすることができる。

2　居住建物の修繕が必要である場合において、配偶者が相当の期

間内に必要な修繕をしないときは、居住建物の所有者は、その修繕
をすることができる。

3　居住建物が修繕を要するとき（第1項の規定により配偶者が自らそ
の修繕をするときを除く。）、又は居住建物について権利を主張する
者があるときは、配偶者は、居住建物の所有者に対し、遅滞なくそ
の旨を通知しなければならない。ただし、居住建物の所有者が既に
これを知っているときは、この限りでない。

後述のとおり、配偶者居住権についても、必要費及び有益費の負担につ
いては配偶者短期居住権と同様の取扱いとしていることから、居住建物の
修繕についても、配偶者短期居住権と同様の規律としています。

なお、条文上は、配偶者短期居住権での居住建物の修繕等に関し、配偶
者居住権での居住建物の修繕等を定めた本条を準用する形となっています。

8　居住建物の費用の負担

第1034条

1　配偶者は、居住建物の通常の必要費を負担する。
2　第583条第2項の規定は、前項の通常の必要費以外の費用につい
て準用する。

法制審議会では、当初、配偶者居住権について、居住建物の必要費は配
偶者の負担とし、有益費は居住建物の所有者の負担としていました。しか
しながら、必要費の中でも、災害等によって大規模な修繕が必要となった
場合の修繕費など特別の必要費については、建物を無償で使用する使用貸
借契約の場合でも貸主の負担とされており、これを配偶者の負担とするの

はバランスを失するとの理由により、配偶者居住権の場合も、必要費及び有益費の負担については配偶者短期居住権と同様の規律とされました。

なお、条文上は、配偶者短期居住権での居住建物の費用負担に関し、配偶者居住権での居住建物の費用負担を定めた本条を準用する形となっています。

9 居住建物の返還等

第1035条

1 配偶者は、配偶者居住権が消滅したときは、居住建物の返還をしなければならない。ただし、配偶者が居住建物について共有持分を有する場合は、居住建物の所有者は、配偶者居住権が消滅したことを理由としては、居住建物の返還を求めることができない。
2 第599条第1項及び第2項並びに第621条の規定は、前項本文の規定により配偶者が相続の開始後に附属させた物がある居住建物又は相続の開始後に生じた損傷がある居住建物の返還をする場合について準用する。

配偶者短期居住権に関する居住建物の返還等を定めた民法第1040条と同様の規定となっています。詳細は同条での解説を参照ください。

10 使用貸借及び賃貸借の規定の準用

第1036条

第597条第1項及び第3項、第600条、第613条並びに第616条の2の規定は、配偶者居住権について準用する。

（1） 配偶者居住権の終了

　配偶者居住権は、存続期間の満了、または配偶者が死亡した場合にそれぞれ終了します（民597①・③準用）。なお、配偶者の死亡により配偶者居住権が終了した場合には、配偶者の相続人が配偶者の義務（原状回復義務等）を相続することになります。

　また、配偶者居住権は配偶者の居住建物を目的とする権利である以上、居住建物の全部が滅失その他の事由により使用することができなくなった場合にも、配偶者居住権は終了します（民616の2準用）。

（2） 損害賠償及び費用の償還の請求権についての期間の制限

　既述のとおり、配偶者居住権の場合も、必要費及び有益費の負担については配偶者短期居住権と同様の規律としていること等に鑑み、損害賠償及び費用の償還の請求権についての期間の制限についても、配偶者短期居住権と同様の扱いとしています（民600準用）。

　その結果、配偶者が用法遵守義務に違反することで生じた損害の賠償や、配偶者が支出した費用（特別の必要費や有益費）の償還は、居住建物取得者が居住建物の返還を受けた時から1年以内に請求しなければならず、損害賠償請求権については、居住建物取得者が居住建物の返還を受けた時から1年を経過するまでの間は、時効は、完成しません。

（3） 第三者による適法な居住建物の使用または収益

　配偶者が居住建物の所有者の承諾を得て第三者に居住建物を使用または収益させている場合について、適法な転貸等がなされた場合に関する民法の規定（民613）と同趣旨の規律が設けられています。

　そのため、例えば、居住建物の所有者の承諾を得て、第三者に居住建物が転貸されていた場合、配偶者居住権が存続期間満了や配偶者の用途義務違反により終了した場合には、当該第三者が居住建物の返還義務を居住建物の所有者に対して負うこととなります。

11 適用関係

　配偶者居住権は、民法等改正法公布の日から起算して2年を超えない範囲内において政令で定める日以降に開始した相続について適用され、それ以前に開始した相続についての適用はありません（民法等改正法附則10・1四）。

　また、民法等改正法公布の日から起算して2年を超えない範囲内において政令で定める日以後に、配偶者居住権が遺贈の目的とされた場合に適用され、それ以前に遺贈の目的としても適用がありません（民法等改正法附則10②）。

第 **2** 章

遺産分割に関する
見直し等

第1節

配偶者保護のための方策
（持戻し免除の意思表示の推定規定）

1 趣 旨

　相続人の具体的相続分を算定するに当たっては、特別受益に該当する生前贈与等を相続財産に持ち戻した上で、受贈者等の相続分の額から生前贈与等の価額を控除しますが、被相続人による特別受益の持戻し免除の意思表示がなされている場合には、特別受益に該当する生前贈与等を相続財産に持ち戻す必要がなくなる結果、受贈者等はより多くの財産を取得することができます。

　現行法上、配偶者に対する贈与に対して特別な配慮をしているものとして相続税法上の贈与税の特例という制度がありますが、これは、居住用不動産は通常夫婦の協力によって形成された場合が多く、夫婦の一方が他方にこれを贈与する場合にも、一般に贈与という認識が薄いこと、居住用不動産の贈与は配偶者の老後の生活保障を意図してされる場合が多いことなどを考慮して設けられたと説明されています。

　民法上も、配偶者に対して行われた一定の贈与等について、贈与税の特例と同様の観点から一定の措置を講ずることは、贈与税の特例ともあいまって、配偶者の死亡により残された他方配偶者の生活保障をより厚くするものといえ、一般的な被相続人の意思にも合致するものと考えられます。

　そこで、配偶者保護の方策の一環として、婚姻期間が20年以上の夫婦

の一方配偶者が、他方配偶者に対し、居住用不動産等を贈与等した場合には、持戻し免除の意思表示があったものと推定する旨の規律（民903④）が設けられました。

2 特別受益者の相続分

第903条（下線部が改正等箇所。以下同じ）

1　共同相続人中に、被相続人から、遺贈を受け、又は婚姻若しくは養子縁組のため若しくは生計の資本として贈与を受けた者があるときは、被相続人が相続開始の時において有した財産の価額にその贈与の価額を加えたものを相続財産とみなし、<u>第900条から第902条まで</u>の規定により算定した相続分の中からその遺贈又は贈与の価額を控除した残額をもってその者の相続分とする。

2　遺贈又は贈与の価額が、相続分の価額に等しく、又はこれを超えるときは、受遺者又は受贈者は、その相続分を受けることができない。

3　被相続人が前二項の規定と異なった意思を表示したときは、<u>その意思に従う。</u>（「その意思表示は、遺留分に関する規定に違反しない範囲内で、その効力を有する。」→削除）

4　<u>婚姻期間が20年以上の夫婦の一方である被相続人が、他の一方に対し、その居住の用に供する建物又はその敷地について遺贈又は贈与をしたときは、当該被相続人は、その遺贈又は贈与について第1項の規定を適用しない旨の意思を表示したものと推定する。</u>

（1）　本推定規定（民903④）を満たすための要件

①　婚姻期間が20年以上の夫婦による贈与等であること

長期間婚姻関係にある夫婦については、通常、一方配偶者が行った財産

形成における他方配偶者の貢献、協力の度合いが高いものと考えられ、そのような状況にある夫婦が行った贈与等については、類型的に、当該配偶者の老後の生活保障を考慮して行われる場合が多いといえます。そこで、相続税法上の贈与税の特例対象期間との平仄をあわせ、婚姻期間20年以上の夫婦による贈与等を要件としています。

なお、婚姻後に離婚し、その後、同じ相手同士で再婚した場合のように、婚姻と離婚を繰り返した場合には解釈に委ねられることとなりますが、相続税法上の贈与税の特例に関する相続税法施行令第4条の6第2項では、「配偶者でなかつた期間がある場合には、当該配偶者でなかつた期間を除く。」と規定していることに鑑み、配偶者であった期間を通算することになると考えられます。

② 贈与等の対象物は居住用不動産（土地・建物）であること

贈与税の特例における立法趣旨を踏まえると、居住用不動産の贈与等については、類型的に相手方配偶者の老後の生活保障を考慮して行われる場合が多いといえ、民法上も特段の配慮をする必要があること、居住用不動産については老後の生活保障という観点で特に重要なものであること等を考慮し、贈与等の対象物は居住用不動産に限定されています。

この点、建物が居宅兼店舗についての贈与等に関しても本推定規定が及ぶかどうかについては、当該不動産の構造や形態、さらには被相続人の遺言の趣旨等により、事案ごとに判断していくことになると考えられます。なお、相続税法上の贈与税の特例では、居住用部分から優先的に贈与を受けたものとして配偶者控除を適用して申告することができ、また、居住用部分がおおむね90パーセント以上の場合はすべて居住用不動産として扱うことができることとされていることからすれば（国税庁タックスアンサーNo.4455）、少なくとも居住用部分は本推定規定の適用があると考えることができます[8]。

また、民法第1028条第3項にて、配偶者居住権が遺贈の目的とされた場合についても本推定規定が適用されます。

　　　［8］　もっとも、持戻し免除の意思表示は、一般に、遺贈や贈与の目的とされた財産の全体について認められるかどうかが問題となるものであり、その一部についてのみこれを免除するということは通常想定し難いことからすれば、この場合にのみ、目的物の一部について持戻し免除の意思表示があったものと推定することの当否は別途問題になり得ます。

③　遺贈または贈与によること

　上記①②を満たした上で、居住用不動産を遺贈または贈与することが必要です。ここでの贈与は死因贈与を含むものと考えられます。本推定規定が贈与等なされた当時の被相続人の意思を推定するものであることからすると、上記②での居住用不動産は、贈与等を行った時点での利用状況を前提に判断されることになります。

　もっとも、贈与等の時点で居住の用に供していなかったとしても、贈与等の時点から近い将来に居住の用に供する目的で贈与等した場合でも、本推定規定が及ぶとの解釈はあり得ます。

　また、一度、居住用不動産の贈与をした者が転居等し、その後また居住用不動産の贈与をしたような場合には、先の贈与については相手方配偶者の老後の生活保障のために与えたという趣旨は撤回されたものと考えられ、明示また黙示的に持戻し免除をしないという意思が認められる結果、後の贈与についてのみ本件推定規定が及ぶと考えられます。

（2）　相続させる旨の遺言

　いわゆる相続させる旨の遺言があった場合においても、本推定規定の適用または類推適用されるかが問題となります。

　この点、相続させる旨の遺言については、一般に遺産分割方法の指定であると解されており（最判平成3年4月19日）、相続させる旨の遺言がされ

た場合に持戻しの免除をすることができるかは、現行法においても問題となり得ます。相続させる旨の遺言が遺産分割方法の指定であると解される場合であっても遺贈と実質的に大きな差異はないこと、相続させる旨の遺言について、上記最判も、「遺言書の記載から、その趣旨が遺贈であることが明らかであるか又は遺贈と解すべき特段の事情のない限り、（中略）遺産分割方法の指定がされたと解すべき」と判示していることからすれば、本推定規定の存在を根拠として、「遺贈と解すべき特段の事情」があると考えることもできます。

そのため、居住用不動産を相続させる旨の遺言がされた場合についても、本推定規定の趣旨が当てはまるとして、本推定規定を適用または類推適用できると考えられます。

（3） 本推定規定による効果

上記要件を満たした遺贈または贈与については、持戻し免除の意思表示があったものと推定されるため、反証なき限り、特別受益となる遺贈または贈与について持ち戻し計算を行う必要がありません。

例えば、被相続人が生前に配偶者に居住用建物を贈与（相続開始時の価額3,000万円）、相続人は配偶者と子のみ、相続開始時の遺産は7,000万円の預貯金である場合に、持戻し計算を行った上での配偶者の取得額は2,000万円（（3,000万円＋7,000万円）×1／2－3,000万円＝2,000万円）であるのに対し（子は5,000万円）、本推定規定により持戻し計算が行われない場合の配偶者の取得額は3,500万円（7,000万円×1／2＝3,500万円）となり、生前贈与分の3,000万円と合わせると合計6,500万円となります（子は3,500万円）。

（4） 適用関係

本推定規定については、民法等改正法施行日前になされた遺贈または贈与については適用されません（民法等改正法附則4）。

第2節

家事事件手続法の保全処分の要件を緩和する方策

1 趣 旨

最高裁平成28年12月19日決定は、従前の判例を変更し、預貯金債権が遺産分割の対象に含まれるとの判断を示しました。

従前は、預貯金債権については相続とともに当然に法定相続分に従って分割され、遺産分割の対象とはならないとされていましたが、同決定後は、預貯金債権についても遺産分割の対象となり、相続人全員が共同で行使しなければならないこととなりました[9]。

> [9] この点、法廷意見では、預貯金契約上の地位は準共有とあり、預貯金債権については補足意見や意見にて準共有とあるものの法廷意見では明確にはされていません。

もっとも、葬儀費用を支払う等の事情により、被相続人が有していた預貯金を遺産分割前に早急に払い戻す必要があるにもかかわらず、共同相続人全員の同意を得ることができない場合、それができないという不都合が生じます。

そのような事態に対処するため、同決定での共同補足意見でも触れられているように、家事事件手続法第200条第2項の仮分割の仮処分を活用することが考えられますが、同項は、共同相続人の「急迫の危険を防止」する必要がある場合に仮処分ができるとしており、その文言上、厳格な要件

が課されています。

　そこで、今般、立法により、預貯金債権の仮分割に限り、一定の要件の下で、同項の要件を緩和するための方策が採られることとなりました。

2　遺産の分割の審判事件を本案とする保全処分

第200条（改正家事事件手続法）

1　家庭裁判所（第105条第2項の場合にあっては、高等裁判所。次項及び第3項において同じ。）は、遺産の分割の審判又は調停の申立てがあった場合において、財産の管理のため必要があるときは、申立てにより又は職権で、担保を立てさせないで、遺産の分割の申立てについての審判が効力を生ずるまでの間、財産の管理者を選任し、又は事件の関係人に対し、財産の管理に関する事項を指示することができる。

2　家庭裁判所は、遺産の分割の審判又は調停の申立てがあった場合において、強制執行を保全し、又は事件の関係人の急迫の危険を防止するため必要があるときは、当該申立てをした者又は相手方の申立てにより、遺産の分割の審判を本案とする仮差押え、仮処分その他の必要な保全処分を命ずることができる。

3　前項に規定するもののほか、家庭裁判所は、遺産の分割の審判又は調停の申立てがあった場合において、相続財産に属する債務の弁済、相続人の生活費の支弁その他の事情により遺産に属する預貯金債権（民法第466条の5第1項に規定する預貯金債権をいう。以下この項において同じ。）を当該申立てをした者又は相手方が行使する必要があると認めるときは、その申立てにより、遺産に属する特定の預貯金債権の全部又は一部をその者に仮に取得させることができる。ただし、他の共同相続人の利益を害するときは、この限りでな

第2節　家事事件手続法の保全処分の要件を緩和する方策

45

```
　い。
　4　略
```

（1）　概　要

　遺産の分割の審判または調停の申立てがあった場合において、相続財産に属する債務の弁済、相続人の生活費の支弁その他の事情により遺産に属する預貯金債権を行使する必要があるときは、他の共同相続人の利益を害しない限り、相続人の申立てにより、家庭裁判所は、遺産に属する特定の預貯金債権の全部または一部を申立人に仮に取得させることができます。

　仮分割により申立人に預貯金の一部が給付された場合には、仮分割された預貯金債権を含めて遺産分割の調停または審判がなされることとなります。

（2）　本案係属要件

　他の家事事件の保全処分と同様に、本条第3項による仮分割の仮処分を申し立てるに当たっては、遺産分割の調停または審判の本案が家庭裁判所に係属していることを要します（本案係属要件）。そのため、本条第3項による仮分割の仮処分を申し立てる前に、本案となる遺産分割調停の申立てを行うか、相手方として申し立てられていることが必要となります。

（3）　審査基準

　本条第3項による仮分割の仮処分は、相続財産に属する債務の弁済、相続人の生活費の支弁など遺産に属する預貯金債権を行使する必要があると家庭裁判所が認める場合に、他の共同相続人の利益を害しない限りにおいて認められます。具体的な審査の内容については、個別具体的な事件を担当する裁判官の判断に委ねられるものの、例えば、以下の基準が考えられます。

　①　原則として、遺産の総額に申立人の法定相続分を乗じた額の範囲内

（相手方から特別受益の主張がある場合には具体的相続分の範囲内）で仮払いを認める。

② 被相続人の債務の弁済を行う場合など事後的な精算も含めると相続人間の公平が担保され得る場合には、①の額を超えた仮払いを認めることもあり得ること。

③ ①の額の範囲内での仮払いを認めるのも相当でなく、当該預貯金債権の額に申立人の法定相続分を乗じた額の範囲内に限定するのが相当な場合（例えば、預貯金債権のほかには、一応の資産価値はあるが市場流通性の低い財産が大半を占めている場合など）には、遺産の総額ではなく、当該預貯金債権の額に申立人の法定相続分を乗じた額の範囲内に限定すること。

（4） 仮分割による支払いと預貯金債権の債務者（金融機関）との関係

　本条第3項による仮分割の仮処分により、特定の相続人が預貯金債権を取得し、その債務者（金融機関）から支払いを受けた場合、債務者（金融機関）との関係では有効な弁済として扱われ、本案（遺産分割調停または審判）において異なる内容の調停が成立し、審判が下されたとしても、債務者（金融機関）が行った弁済の有効性が事後的に問題となる余地はないと考えられます。

第 **3** 節

家庭裁判所の判断を経ないで 預貯金の払戻しを認める方策

1 趣 旨

　既述の遺産の分割の審判事件を本案とする保全処分（家事事件手続法200
③）により、保全処分の要件を緩和したとしても、相続開始後に資金需要
が生じ、裁判所に保全処分の申立てをしなければ単独での払戻しが一切認
められないことになれば、相続人にとっては大きな負担となる事態も考え
られます。

　そこで、各共同相続人が、家庭裁判所の判断を経ることなく金融機関の
窓口において、遺産に含まれる預貯金債権を直接行使することができる制
度についても設けられました[10]。

> [10]　本条によっても、金融機関としては、権利行使者に対し、相続人であ
> ることや相続分を明らかにするための書類等を要求し、債務者となる金
> 融機関が複数存在する場合に、相続開始の時の債権額や他の金融機関に
> 対してもすでに権利行使しているかどうか、その行使額等についても確
> 認しなければならないとなれば相当程度の時間を要するものと思われ、
> 権利行使者にとっても負担となることは否定できないものと思われます。

2　遺産の分割前における預貯金債権の行使

> **第909条の2**
>
> 　各共同相続人は、遺産に属する預貯金債権のうち相続開始の時の債権額の3分の1に第900条及び第901条の規定により算定した当該共同相続人の相続分を乗じた額（標準的な当面の必要生計費、平均的な葬式の費用の額その他の事情を勘案して預貯金債権の債務者ごとに法務省令で定める額を限度とする。）については、単独でその権利を行使することができる。この場合において、当該権利の行使をした預貯金債権については、当該共同相続人が遺産の一部の分割によりこれを取得したものとみなす。

（1）　概　要

　本条により、遺産に属する預貯金債権のうち、相続開始時の預貯金債権額の3分の1[11]に権利行使者の法定相続分を乗じた額については、金融機関ごとに法務省令で定める額を限度として、単独で金融機関に対して払戻しを求めることができます。

　　　[11]　なお、法制審議会では、最高裁平成28年12月19日決定の趣旨、すなわち、遺産分割手続を行う実務上の観点からは、具体的な遺産分割の方法を定めるに当たっての調整に資する財産を遺産分割の対象とする要請も広く存在することなどを考慮し、従前の判例変更が行われ、預貯金債権については当然分割がされず、遺産分割の対象とするとの判断がなされたことなどを踏まえると、立法により、預貯金債権の一部について単独で権利行使ができるとしても、自ずとその範囲は限定的に解する必要があるとして、当初、5分の1としていたものの、葬儀費用の平均額や高齢世帯の貯蓄額の中央値等が考慮され、最終的には3分の1とされました。

　例えば、遺産がB金融機関での普通預金6,000万円のみで、法定相続分

が2分の1である相続人AがB金融機関に対し払戻請求を行う場合には、1,000万円（6,000万円×1／3×1／2＝1,000万円）までの払戻しを行うことが可能です。ただし、B金融機関につき法務省令で100万円を上限額としている場合には100万円までとなります。

　上記事案において、B金融機関での6,000万円の内訳が普通預金2,400万円、定期預金3,600万円であるような場合には、Aが払戻請求を行うに当たり、普通預金のうち400万円（2,400万円×1／3×1／2＝400万円）、定期預金のうち600万円（3,600万円×1／3×1／2＝600万円）というように、個々の預貯金債権ごとに判断されることとなります。ただし、B金融機関につき法務省令で100万円を上限額としている場合には普通預金のうち40万円、定期預金のうち60万円の計100万円までとなります。

　なお、本条により権利行使できるといっても、例えば定期預金等について一部の払戻しを禁じるといった金融機関との契約関係まで失効させるものではありません。そのため、本条に基づく権利行使がなされた場合であっても、金融機関が約定に基づき定期預金等の一部を払い戻さないとすることは可能です。

　また、本条は、あくまでも「遺産に属する預貯金債権」の仮払いについて規定するものであり、当該預貯金債権が遺贈または贈与されている場合には、遺産に属しないことになる以上、本条の適用はありません（遺産の分割の審判事件を本案とする保全処分（家事事件手続法200③）についても、「遺産に属する特定の預貯金債権の全部又は一部」と規定されていることからすれば、同様の解釈がなされるものと思われます）。

　権利行使された預貯金債権の額等については、誰がこれを払い戻したかということは客観的に明らかで、権利行使された預貯金債権を、当該権利行使をした相続人以外の者に遺産分割において帰属させる必要性もないことから、本条後段では「当該権利の行使をした預貯金債権については、当

該共同相続人が遺産の一部の分割によりこれを取得したものとみなす。」としています。

（2） 遺産の分割の審判事件を本案とする保全処分との関係等

本条に基づく権利行使と遺産の分割の審判事件を本案とする保全処分（家事事件手続法200③）とは併用して利用することが可能です。また、これら手続は、相続人全員の同意が得られない場合になされるものであるため、預貯金払戻し等につき相続人全員の同意があれば、当然のことながら、預貯金の払戻し等を金融機関に請求することが可能です。

（3） 相続開始時の債権額

本条は、「相続開始の時の債権額」を基準として権利行使額が算出されることを前提としていますが、例えば、相続開始後に何者かによって預貯金債権が引き出されているような場合には、実際に権利行使時に存在する預貯金額の範囲内でしか権利行使できないこととなります。

（4） 支払委託契約

被相続人が生前に葬儀費用の支払いに充てるため、金融機関との間で一定の金員につき支払委託契約を締結していたような場合に、同契約によって委託された金員が、すでに遺産から逸失していると解釈できるような場合には、本条に基づく権利行使とは別に、同契約に基づいて支払処理がなされることは可能であると考えます。

（5） 適用関係

民法等改正法施行日前に開始した相続、すなわち民法等改正法施行日前に被相続人が死亡している場合であっても、民法等改正法施行日以降であれば本条に基づく預貯金債権の行使が可能です（民法等改正法附則5）。

第4節

一部分割

1 趣 旨

遺産分割事件を早期に解決するためには、争いのない遺産について先行して一部分割を行うことが有益であり、また、現在の実務でも、一定の要件の下で一部分割を行うことも許されるとする見解が一般的であるものの、法文上、一部分割が許容されているか否かは必ずしも明らかではありません[12]。また、預貯金債権も遺産分割の対象であるとする最高裁平成28年12月19日決定を踏まえ、まず預貯金についてのみ遺産分割協議を先行させたいとのニーズも十分に想定されるところです。

そこで、今般、一部分割及びその要件が明文化されることとなりました。

[12] 家事事件手続法第73条第2項に規定する一部審判として行われる場合を除く。

2 遺産の分割の協議または審判等

第907条

1 共同相続人は、次条の規定により被相続人が遺言で禁じた場合を除き、いつでも、その協議で、遺産の<u>全部又は一部の分割</u>をすることができる。

2　遺産の分割について、共同相続人間に協議が調わないとき、又は協議をすることができないときは、各共同相続人は、その全部又は一部の分割を家庭裁判所に請求することができる。ただし、遺産の一部を分割することにより他の共同相続人の利益を害するおそれがある場合におけるその一部の分割については、この限りでない。

3　前項本文の場合において特別の事由があるときは、家庭裁判所は、期間を定めて、遺産の全部又は一部について、その分割を禁ずることができる。

（1）　本条の規律対象

　いわゆる一部分割といわれる審判は、①家事事件手続法第73条第2項に規定する一部審判として行われる一部分割（残余遺産について審判事件が引き続き係属するもの）と、②全部審判として行われている一部分割（残余遺産については審判事件が係属せず、当該審判事件については終了するもの）との二類型に分けることができると考えられます[13]。もっとも、①については、その審判の成熟性の判断の中で、一部分割をする必要性と相当性の審査が行われているものと考えられ、その場合のルールを規律する必要性は乏しいとして、本条での対象とはなっていません。

> [13]　家事事件手続法第73条第2項による一部分割と本条による一部分割との区別については、遺産分割の対象として申し立てられた遺産の範囲によって決まるものと考えられます。すなわち、遺産の一部についての分割が申し立てられ、当該一部について審判がされた場合は本条による一部分割となり、遺産の全部についての分割が申し立てられ、その一部について審判がされた場合は家事事件手続法第73条第2項の一部審判としての一部分割となります。

　そのため、本条は、②全部審判として行われている一部分割（残余遺産については審判事件が係属せず、当該審判事件については終了するもの）に関

する規律を定めるものです。

②の場合としては、審判時点において分割の対象となる残余遺産の存在を裁判所または当事者がそもそも把握していない場合や、遺産分割が禁止された遺産を除いた残りの遺産を分割する場合がありますが、これらについて何らかの規律を設ける必要性はそもそもありません。

そのため、本条は、その他に②として通常考えられる「相続人全員が遺産の一部だけの分割審判がなされることに合意している」場合（残余遺産については審判事件が係属せず、当該審判事件については終了するもの）についての規律を定めるものです。

（2）　規律の内容

審判によって一部分割をすることができる要件については、一般に、一部分割をすることに合理的な理由があり（必要性）、かつ、その一部分割によって遺産全体についての適正な分割（具体的相続分と民法第906条の基準に照らした適正公平な分割）が不可能とならない場合（許容性）と解されています（大阪高決昭和46年12月7日）。

この点、「相続人全員が遺産の一部だけの分割審判がなされることに合意している」場合には、それを希望した上で合意している以上、一部分割の必要性について何らかの要件を明文化する必要性は低いといえます。

他方で、一部分割の許容性については、上記のとおり、その一部分割によって遺産全体についての適正な分割が不可能にならない場合と解されており、具体的には、特別受益等について検討し、代償金、換価等の分割方法をも検討した上で、最終的に適正な分割を達成し得るという明確な見通しが得られた場合に許容されるものと考えられます。また、一部分割においては具体的相続分を超過する遺産を取得させることとなるおそれがある場合であっても、残部分割の際に当該遺産を取得する相続人が代償金を支払うことが確実視されるような場合であれば、一部分割を行うことも可能

であると考えられます。ただし、このような観点で検討しても、一部分割を行うことによって、最終的に適正な分割を達成し得るという明確な見通しが立たない場合には、たとえ相続人全員が遺産の一部について分割をすることを合意したとしても、家庭裁判所は当該一部分割の請求を却下するのが相当であるといえます。

　このような趣旨に基づき、本条第2項ただし書において、当事者から一部分割の請求があった場合においても、遺産の一部について分割をすることにより、他の共同相続人の利益を害するおそれがあるときは、一部分割の請求を不適法とし、家庭裁判所は、その請求を却下[14]しなければならないとの規律が設けられました。

> [14]　裁判所としては、一部分割をすることにより、他の共同相続人の利益を害すると認めるときは、直ちに却下するのではなく、釈明権を行使して、当事者に申立ての範囲を拡張しないのか否か確認をするという運用になると思われます。

（3）　一部分割の申立ての趣旨

　一部分割の申立てをする場合には、「別紙遺産全体目録中、3番及び5番の遺産の分割を求める。」というように、分割を求める遺産の範囲を特定すべきこととなります。なお、遺産全部について分割を求める場合は、これまでどおり「遺産分割を求める。」ということのみで、申立てとしては特定していると考えることができます。

第5節

遺産の分割前に遺産に属する財産が処分された場合の遺産の範囲

1 趣 旨

現行法上、遺産共有となった遺産については、共同相続人が自己の共有持分を処分することは禁じられていませんが、処分された場合に遺産分割においてどのように処理すべきかについて明文の規定はありません。

共同相続人の1人が遺産分割前に遺産の一部を処分した場合、事案によっては、処分をした者の最終的な取得額が、処分が行われなかった場合と比べて大きくなり、その反面、他の共同相続人の取得額が小さくなるという不公平が生じます。

しかも、当該処分を行った共同相続人が、自己の法定相続分に相当する共有持分のみを処分している場合には、不法行為も不当利得も成立しないという考え方が有力であり、民事訴訟での救済も困難となります。

最高裁平成28年12月19日決定により、共同相続人は、単独での預貯金の払戻しをすることができなくなりました。そのため、例えば、共同相続人の1人がキャッシュカードを用いて口座凍結前に預貯金の払戻しをしてしまうようなケースが、今後、益々増える可能性があり、このことは決して看過することのできない問題といえます。

今般、家庭裁判所の判断を経ないで預貯金の払戻しを認める方策も新設されたところ、この方策に基づく適法な払戻しであれば、当該権利行使者

は遺産分割において精算を義務付けられるのに対し（民909の2後段）、この方策に基づかずに払戻しを受けた場合については精算を義務付けられないというのも一貫性がありません。

そこで、遺産分割前に、遺産に属する財産が処分された場合に生じる不公平を是正するための方策が新たに設けられることとなりました。

2　遺産の分割前に遺産に属する財産が処分された場合の遺産の範囲

第906条の2

1　遺産の分割前に遺産に属する財産が処分された場合であっても、共同相続人は、その全員の同意により、当該処分された財産が遺産の分割時に遺産として存在するものとみなすことができる。
2　前項の規定にかかわらず、共同相続人の1人又は数人により同項の財産が処分されたときは、当該共同相続人については、同項の同意を得ることを要しない。

（1）　本条の考え方

本条は、遺産分割が行われるに当たり、遺産分割前に遺産に属する財産が処分された場合においても、各相続人の具体的相続分を前提とした、公平な遺産分割が行われるようにするため設けられたものです。

以下、具体例にて説明します。

【前提】

相続人　A、B

遺産　3,000万円の不動産と1,000万円の預金

特別受益　Aに対して生前2,000万円贈与

57

> Aが相続開始後に、不動産の持分2分の1を第三者に譲渡
>
> この場合、仮に、Aが自己の不動産持分を処分していなかった場合の各自の具体的相続分は以下のとおりとなります。
> A　（3,000万円＋1,000万円＋2,000万円）×1／2－2,000万円＝1,000万円
> B　（3,000万円＋1,000万円＋2,000万円）×1／2＝3,000万円

　このように、Aは遺産分割にて1,000万円、生前贈与での2,000万円、合計3,000万円を、Bは遺産分割にて3,000万円をそれぞれ取得することができます。

　もっとも、本件ではAが不動産の持分を処分しており、このような場合に、いかに遺産分割すべきかが問題となります（Aが処分した不動産持分についても遺産分割の対象とすることにA、Bの同意がないことを前提とします）。

　この点、現行法においてもその処理方法に関する一般的な考え方は必ずしも明らかではありませんが、以下のいずれの考え方によっても、不動産の持分を処分したAのほうが、処分しなかった場合と比べて取得額が大きくなるという不公平が生じます。

① **考え方1（残された遺産のみで遺産分割を行う）**

　具体的相続分は上記と同様にAが1,000万円、Bが3,000万円であるものの、遺産分割時に存在する遺産は2,500万円（不動産の残り2分の1相当の1,500万円と1,000万円の預金）しかないため、具体的相続分に応じて按分配分すると、Aの取得額は625万円（$2,500万円 \times \dfrac{1,000万円}{1,000万円＋3,000万円}$）、Bの取得額は1,875万円（$2,500万円 \times \dfrac{3,000万円}{1,000万円＋3,000万円}$）、最終的な取得額はAが2,625万円（625万円に生前贈与分の2,000万円を加算）、Bが1,875

万円となってしまい、具体的相続分と照らし合わせると不動産持分を処分したAが875万円多く取得し、処分しなかったBは1,125万円少なく取得することとなります。

② **考え方2（処分された財産については特別受益に準じて扱う）**

　この考え方は、処分された財産については、民法第903条第1項の特別受益に準じて同項を類推適用するというものです。この考え方によると、Aの具体的相続分は0円（（1,500万円（残余不動産）＋1,000万円（預金）＋2,000万円（Aの特別受益）＋1,500万円（処分不動産・Aの特別受益））×1／2－2,000万円（Aの特別受益）－1,500万円（処分不動産・Aの特別受益）＝－500万円[15]））、Bの具体的相続分は3,000万円（（1,500万円（残余不動産）＋1,000万円（預金）＋2,000万円（Aの特別受益）＋1,500万円（処分不動産・Aの特別受益））×1／2＝3,000万円）となります。

　しかしながら、遺産分割時に存在する遺産は2,500万円（不動産の残り2分の1相当の1,500万円と1,000万円の預金）しかないため、結局、Bは2,500万円しか取得できません（Aは最終的に0円＋2,000万円（Aの特別受益）＋1,500万円（処分不動産・Aの特別受益）＝3,500万円を取得）。

　　［15］　超過特別受益（具体的相続分を算出した際にマイナスとなる場合）

③ **その他の考え方**

　その他にも、Aが処分した財産についてはAがすでに取得したものとして相続分・具体的取得金額を計算する等の考え方があるものの、超過特別受益（具体的相続分を算出した際にマイナスとなってしまう場合）が生じている場合でも超過分を返還する必要はない以上、不公平は解消されない結果となり得ます。

　以上に加え、本件のAのように、自己の法定相続分を処分しているに過ぎない場合には、不法行為も不当利得も成立しないとの考え方が有力[16]

で、民事訴訟における救済も困難と考えられます[17]。

[16]　なお、遺産分割の対象となる信託受益権について相続人の1人がその法定相続分に相当する部分の処分をした場合に、当該処分のうち他の共同相続人の法定相続分に相当する額については不当利得が成立する旨判示した最高裁平成26年9月25日判決も存在しますが、受益権の一部の差押え及び取立てを受けたという事案であり、その理由も判決文からは必ずしも明らかではありません。

[17]　この点、BとしてはAの財産処分により、Bの具体的相続分が侵害されたとして不法行為に基づく損害賠償、または不当利得返還請求を提訴できるか問題となりますが、具体的相続分には権利性がないとしている最高裁判例（最判平成12年2月24日）との整合性からすれば、現行法の解釈としては困難と考えられます。

　そこで本条では、このような不公平を解消するため、遺産の分割前に遺産に属する財産が処分された場合であっても、共同相続人は、その全員の同意により、当該処分された財産が遺産の分割時に遺産として存在するものとみなすことができることとし、共同相続人の1人または数人により遺産に属する財産が処分されたときは、そのような処分を行った相続人の同意を得る必要がないこととしました。

　その結果、Aが処分したことが明らかである場合や、家庭裁判所によってAが処分したものと認定された場合には、Aの同意を得ることなく、Bのみが同意することでAが処分した不動産持分についても遺産としてみなすことができることとなります。

　その場合、家庭裁判所は、処分財産が遺産から逸出していない、すなわち、Aの不動産持分が処分されていない状態での各自の具体的相続分（Aに1,000万円、Bに3,000万円）をそれぞれ取得させる審判をすることとなり、その主文は、例えば以下のようなものが考えられます。

　「Aに、（すでに第三者に譲渡した）不動産の持分2分の1を取得させる。

　Aは、Bに対して代償金として500万円を支払え。

Ｂに、不動産の持分２分の１、及び預金1,000万円を取得させる[18]。」

　なお、本条は、法定相続分に相当する共有持分が処分された場合のみならず、自己の法定相続分を超えて財産が処分され、遺産から当該財産を逸出させた場合についても適用されます[19]。

　　　　[18]　この点、審判後に、この処分はＢが行ったものとして争い、別途、Ａ
　　　　　　がＢに対して不当利得返還請求ができるかどうか問題となりますが、Ｂ
　　　　　　としては家庭裁判所の審判によって取得したものである以上、「法律上の
　　　　　　原因なく」（民709）との要件を満たさないのではないかとも考えられ、
　　　　　　解釈が分かれるものと思われます。
　　　　[19]　共同相続人の１人によってその法定相続分を超える財産処分がされた
　　　　　　場合には、その超過部分については、原則として無権限者による処分と
　　　　　　して権利移転の効力が生じないため（最判昭和38年２月22日参照）、本
　　　　　　条の規律を適用するまでもなく、なお遺産として存在することになるも
　　　　　　のと思われますが、即時取得（民192）や準占有者に対する弁済（民
　　　　　　478）等によって、自己の法定相続分を超える処分が有効となる場合があ
　　　　　　り得ます（例えば、共同相続人の１人が、口座凍結前にキャッシュカー
　　　　　　ドによって預貯金の払戻しを行った場合など）。このような場合について
　　　　　　は、本条が適用されることとなります。なお、本条が創設されたことによっ
　　　　　　ても、共同相続人の１人が他の共同相続人の持分を処分した場合に、相
　　　　　　続開始により暫定的に生じた法定相続分の割合による持分の侵害があっ
　　　　　　たとして、不法行為または不当利得が成立するという従前の理解を必ず
　　　　　　しも変更するものではありません。

（2）　同意の対象

　本条第１項は、「遺産の分割前に遺産に属する財産が処分された場合であっても、共同相続人は、その全員の同意により、当該処分された財産が遺産の分割時に遺産として存在するものとみなすことができる。」としていますが、ここでの同意とは、処分された財産を遺産分割の対象に含めること（遺産の分割時に遺産として存在するものとみなすこと）についての同意を意味します。

したがって、処分された財産が共同相続人のうち誰によって処分されたのかについては、同意の対象ではありません。そのため、共同相続人A、Bにおいて、財産がAによって処分されたのか、Bによって処分されたのかについては争いがあるものの、遺産の分割時に遺産として存在するものとみなすことについてAB間に同意がある場合については、共同相続人全員の同意があるものとして、処分された財産が遺産分割時に遺産として存在するとみなすことができます。

（3） 適用対象

　本条は、あくまでも、共同相続人の1人が他の共同相続人の同意を得ずに遺産に属する財産を処分した場合を対象としています。そのため、共同相続人の1人が遺産に含まれていた不動産を売却し、その後、共同相続人全員が代償財産（売却代金）を遺産分割の対象とする旨合意した場合には、その合意の効果として、遺産分割の対象が当該不動産から売却代金に変更されるものであり、本条の同意によるものではありません。仮に、本条の同意の対象にそのような代償財産をも含めれば、無償または相当な対価を得ないで譲渡されたような場合に、その損失を他の共同相続人が被ることとなってしまうからです。

　また、そもそも払戻しをした預貯金債権が、生前に被相続人から贈与されていたものであるとか、もともと払戻しをした相続人のものであったような場合については、相続開始の時においては遺産ではないため、本条の適用はありません。

（4） 適用時期

　本条は、遺産から逸出した財産については、もはや遺産ではないことを前提として、遺産分割時に共同相続人全員の同意がある場合には、当該処分した財産を遺産に含めることができるとしています。そのため、遺産分割がすでに終了している案件には本条の適用はありません。

（5） 第三者による財産処分

　本条は、共同相続人以外の者が遺産を処分した場合については適用がないとされています。したがって、相続開始後に遺産を誰が処分したか分からないといったケースでは本条は適用されず、遺産分割は残余の財産で行うことになると考えられます[20]。

> [20]　この点、法制審議会議事録では、本条第1項は第三者による処分を含み、本条第2項は第三者による処分は含まないとの回答もなされていますが、仮に共同相続人以外の第三者が共同相続人の関与なく単独で遺産に属する財産を処分したと認定された場合、遺産分割の当事者でない第三者に対する代償金支払い等を審判にて下せるのか等の疑問が残ります。

（6） 遺産の全部の処分

　法制審議会では、本条は共同相続人の1人によって、遺産の一部が処分された場合のみならず、遺産の全部が処分された場合も対象であると説明されています。しかしながら、これに対しては、遺産分割の時点では実際には分割すべき遺産がないため、このような場合にも本条を適用してこれを遺産分割事件として処理することについては、（遺産）共有状態にある財産を分割するという遺産分割の性質を変えることにもつながり、もはや遺産分割とは言い難い等の批判もあり、今後の解釈に委ねられることになると思われます。

Information

成年年齢引下げ―民法改正

　成年年齢の引下げ等に関する法律が、2018年6月13日に成立しました。改正法が施行されるのは2022年4月1日となります。民法上の成年に達する年齢が18歳とされたことにより、以下の事項に影響等が生じます。

1　法律行為の取消し

　未成年者が契約等の法律行為を行うには、その法定代理人の同意が必要となります（民5①）。もっとも、日用品の購入、その他日常生活に関する行為については、法定代理人の同意がなくても可能です（民9）。法定代理人の同意を得ないでした法律行為は、取り消すことができます（民5②）。法定代理人の同意を得ずになされた18歳、19歳の者による法律行為は、これまで取消し可能でしたが、今回の法改正により、法定代理人の同意がないことを理由として取消しできなくなります。もっとも、消費者契約法に基づく取消しなど、他の法令等によって保護される可能性はあります。

2　婚姻の同意

　未成年の子が婚姻をするには、父母の同意が必要です（民737①）。今回の法改正により、18歳、19歳の者も、親の意向とは関係なく、婚姻届を役場に出して婚姻できることになります。

3　子の監護に関する事項

　父母が協議上の離婚をするには、子の監護者、面会交流、子の監護に要する費用（養育費）の分担等を協議して決めます（民766①）。この協議が調わない場合には、家庭裁判所が決めることとなります（民766②）。

　今回の法改正により、原則として、17歳までの子の監護に関する事項しか協議や裁判の対象にならない可能性が生じます。もっとも、参議院法務委員会では、「成年年齢と養育費負担終期は連動せず未成熟である限り養育費分担義務があることを確認するとともに、ひとり親家庭の養育費確保に向けて、養育費の取決め等について周知徹底するなど必要な措置を講ずること。」との附帯決議がなされました。裁判所を拘束するものではあり

ませんが、民法第766条を解釈する際の参考となる可能性はあります。

4 成年の子の認知

成年の子は、その者の承諾がなければ認知できません（民782）。今回の法改正により、18歳、19歳の子からも承諾をもらわないと認知できないことになります。

5 養親となる者の年齢

「成年に達した者は、養子をすることができる。」との民法第792条の規定が、「二十歳に達した者は、養子をすることができる。」と改正されました。その結果、従前どおり、養親になれるのは20歳になってからとなります。

6 未成年者の養子

未成年者を養子とするには、原則として、家庭裁判所の許可が必要です（民798本文）。ただし、自己または配偶者の直系卑属を養子とする場合には、許可は不要です（民798ただし書）。今回の法改正により、18歳、19歳の者を養子とするに当たり、家庭裁判所の許可がなくても可能となります。

7 親 権

成年に達しない子は、父母の親権に服します（民818）。親権を行う者は、子の財産を管理し、代表します（民824）。また、父母が協議上の離婚をするには、一方を親権者と定めなければなりません（民819）。

今回の法改正により、18歳以上の子については父母の親権には服さず、協議上の離婚をするに当たっても親権者を定める必要がなくなります。財産についても自己の財産として子が自ら管理に当たることとなります。

8 未成年後見人の選任

未成年者に親権を行う者がいないとき、または親権を行う者が管理権を有しないときは、未成年後見人を選任します（民838）。その結果、例えば、父母がともに不慮の事故等で亡くなってしまったときには、18歳、19歳の子については、未成年後見人が選任されないこととなります。

9 後見人

未成年者は、後見人になることができないとされていますが（民847一）、今回の法改正により、18歳、19歳の者でも法的には後見人となることが可

能となりました。

10　婚姻の年齢

改正前の民法では、男は18歳、女は16歳にならないと婚姻できませんでした（民731）。今回の法改正により女性が婚姻できる年齢が18歳に引き上げられました。婚姻による成年擬制を定めた民法第753条は、成人年齢と婚姻年齢とが同じとなったことから意味を持たなくなり削除されます。

第 **3** 章

遺言制度に関する見直し

第1節

自筆証書遺言の方式緩和

1 趣 旨

　自筆証書遺言は、「全文、日付及び氏名」をすべて自書しなければならないとされていますが（民968①）が、高齢者等にとって全文を自書することはかなりの労力を伴うものであり、この点が自筆証書遺言の利用を妨げる要因になっているとの指摘がなされていました。

　特に、財産目録に記載すべき事項をすべて自筆とすることは、さらなる負担を課すと同時に、誤りがあった場合には、遺言内容の加除訂正に関する厳格な方式ともあいまって遺言の有効性にも影響を及ぼす可能性があります。

　そこで、今般、自筆証書遺言の方式を緩和する方策が設けられることとなりました。

2 自筆証書遺言

第968条

1　自筆証書によって遺言をするには、遺言者が、その全文、日付及び氏名を自書し、これに印を押さなければならない。

2　前項の規定にかかわらず、自筆証書にこれと一体のものとして

相続財産（第997条第1項に規定する場合における同項に規定する権利を含む。）の全部又は一部の目録を添付する場合には、その目録については、自書することを要しない。この場合において、遺言者は、その目録の毎葉（自書によらない記載がその両面にある場合にあっては、その両面）に署名し、印を押さなければならない。

3　自筆証書（前項の目録を含む。）中の加除その他の変更は、遺言者が、その場所を指示し、これを変更した旨を付記して特にこれに署名し、かつ、その変更の場所に印を押さなければ、その効力を生じない。

（1）　概　要

　本条第2項は、全文自書が要求されている自筆証書遺言の方式を緩和し、例外的に、遺贈等の対象となる財産の特定に関する事項については自書でなくてもよいとするものです。「財産の特定に関する事項」には、対象財産が不動産である場合にはその地番、面積等が、対象財産が預貯金債権である場合には金融機関名、口座番号等がこれに当たります。これらの記載事項は、すべて自書することが煩雑であり、しかも、対象を特定するための形式的な事項であることから、自書でなくてもよいとしたものです。

（2）　利用方法

　財産目録として添付する書面については、本条第2項のとおり、各ページに署名押印する以外には、特段の要式性を求めていません。そのため、パソコン等による作成や、遺言者以外の者による代筆、さらには不動産の登記事項証明書、預貯金通帳の写し等を添付し、それを目録として使用することもできます（**参考資料**別紙二、三参照）。財産目録を両面に記載する場合にはその両面に署名押印が必要となります。

　当然のことながら、これまでどおり、遺言者の自書にて財産目録が作成

されている場合も有効な方式です。

（3）　加除訂正

　自書によらない財産目録を用いる方法で自筆証書遺言を作成することが認められている以上、加除訂正等の変更を行う場合もこれと同様であると考えるのが自然であることから、財産目録に関する部分については、加除訂正についても、自筆によらない方法が認められています（**参考資料**別紙一参照）。

（4）　契印・同一の印による捺印

　この点、本文と目録の一体性確保の見地から、契印や同一の印による捺印が必要かどうか、法制審議会にて問題となりました。しかしながら、捺印を求める印は印鑑登録されたものに限定されていないことからすると、契印や同一の印による捺印を求めたとしても、遺言の変造防止の効果は限定的であるように思われること、これ以外の場面では、契印や同一の印による捺印を要求していないにもかかわらず、自書でない財産目録を使用する場面に限り、このような要件を付すと、この点に関する方式違反が増えるおそれがあるとの理由から、契印及び同一の印による捺印までは要求しないこととなりました。

（5）　適用関係

　本条第2項、第3項については、民法等改正法公布の日から起算して6か月を経過した日から施行されますが（民法等改正法附則1二）、その施行日前になされた自筆証書遺言については、本条第2項、第3項の適用はありません（民法等改正法附則6）。そのため、自書によらない財産目録を用いる方法で自筆証書遺言を作成する場合には、民法等改正法公布の日から起算して6か月を経過した日以降でないと方式として有効とはなりませんので注意が必要です。

参考資料　法制審議会民法（相続関係）部会第25回参考資料より

　なお、**行書体及びマジックにて書かれているところは手書き**、**ゴシック体**で書かれたところはパソコン等で印字されたものであることをそれぞれ意味します。

遺言書

　一　長女花子に，別紙一の不動産及び別紙二の預
　　　金を相続させる。

　二　長男一郎に，別紙三の不動産を相続させる。

　三　東京和男に，別紙四の~~動産~~を遺贈する。
　　　　　　　　　　　　　　株式㊞

　　　　平成二十九年十二月十九日
　　　　　　法　務　五　郎　　㊞

　　　　上記三中，二字削除二字追加
　　　　　　法　務　五　郎

第3章　遺言制度に関する見直し

72

別紙一

目　　録

一　所　　在　　東京都千代田区霞が関一丁目
　　地　　番　　〇番〇号
　　地　　目　　宅地
　　地　　積　　〇平方メートル

霞が関㊞

二　所　　在　　東京都千代田区九段南一丁目〇番〇号
　　家屋番号　　〇番〇
　　種　　類　　居宅
　　構　　造　　木造瓦葺２階建て
　　床　面　積　　１階　〇平方メートル
　　　　　　　　　２階　〇平方メートル

法　　務　　五　　郎　㊞

上記二中，三字削除三字追加
　　法　　務　　五　　郎

別紙二

普通預金通帳　　　　　　　　　○銀行
　　　　　　　　　　　　　　　　○支店

お名前

　　法　務　五　郎　様

店番　　　　　　　　　　口座番号

　　○○　　　　　　　　　　○○○

　　　　　※　　通帳のコピー

　　　　法　務　五　郎　㊞

別紙三

様式例・1

表 題 部 （土地の表示）		調製	余白		不動産番号	0000000000000

地図番号	余白		筆界特定	余白		

所 在	特別区南都町一丁目			余白	

① 地 番	②地 目	③ 地 積 ㎡	原因及びその日付〔登記の日付〕
101番	宅地	300 00	不詳 〔平成20年10月14日〕

所 有 者	特別区南都町一丁目1番1号 甲 野 太 郎

権 利 部 （甲区） （所有権に関する事項）			
順位番号	登 記 の 目 的	受付年月日・受付番号	権 利 者 そ の 他 の 事 項
1	所有権保存	平成20年10月15日 第637号	所有者 特別区南都町一丁目1番1号 甲 野 太 郎
2	所有権移転	平成20年10月27日 第718号	原因 平成20年10月26日売買 所有者 特別区南都町一丁目5番5号 法 務 五 郎

権 利 部 （乙区） （所有権以外の権利に関する事項）			
順位番号	登 記 の 目 的	受付年月日・受付番号	権 利 者 そ の 他 の 事 項
1	抵当権設定	平成20年11月12日 第807号	原因 平成20年11月4日金銭消費貸借同日 設定 債権額 金4,000万円 利息 年2・60％（年365日日割計算） 損害金 年14・5％（年365日日割計算） 債務者 特別区南都町一丁目5番5号 法 務 五 郎 抵当権者 特別区北都町三丁目3番3号 株 式 会 社 南 北 銀 行 （取扱店 南都支店） 共同担保 目録㈱第2340号

共 同 担 保 目 録				
記号及び番号	㈱第2340号		調製	平成20年11月12日

番 号	担保の目的である権利の表示	順位番号	予 備
1	特別区南都町一丁目 101番の土地	1	余白
2	特別区南都町一丁目 101番地 家屋番号 1 01番の建物	1	余白

法務五郎 ㊞

これは登記記録に記録されている事項の全部を証明した書面である。

平成21年3月27日
関東法務局特別出張所 　　登記官 　　法 務 八 郎

＊ 下線のあるものは抹消事項であることを示す。

整理番号 D23992 （1/1） 1/1

別紙四

　　　　　　　　　　　目　　録

私名義の株式会社法務組の株式　　１２０００株

　　　　　　　法　務　五　郎　㊞

第2節

自筆証書遺言に係る遺言書の保管制度の創設

1 趣 旨

　自筆証書遺言作成後に遺言書が紛失し、または相続人によって隠匿、変造されるおそれがあるなど、自筆証書遺言をめぐるトラブルは多数存在します。

　また、相続人は、自己のために相続の開始があったことを知った時から3か月以内に相続を承認するか、放棄するかを決めなければなりませんが（民915①）、相続開始後速やかに遺言の有無及び内容を確認することができなければ、その判断を適切に行うことは困難といえます。

　さらには、複数の遺言書が発見された場合や、一部の相続人が遺言書の偽造または変造を主張した場合には、遺言書の作成の真正等をめぐる深刻な紛争へと発展しかねません。

　これら問題の一因として、自筆証書遺言を確実に保管し、相続人がその存在を把握できる仕組みが確立されていないことが挙げられています。

　そこで、今般、自筆証書遺言を公的に保管する制度が創設されることとなりました。

2 法務局における遺言書の保管等に関する法律

　自筆証書遺言を保管する制度を運用するに当たり、法務局における遺言

書の保管等に関する法律が新たに制定されました（巻末**参考条文**参照）。

3 制度内容

（1） 遺言者と遺言書保管官に関する事項等について

① 遺言者は、遺言書保管官（遺言書保管所（法務局）に勤務する指定法務事務官）に対し、遺言書の保管の申請ができます。ただし、法務省令で定める様式に従って作成され、かつ封のされていない自筆証書遺言書に限ります。

② 上記①の申請は、遺言者の住所地、本籍地、または遺言者が所有する不動産の所在地のいずれかを管轄する遺言書保管所の遺言書保管官に対し、遺言者本人が自ら出頭して行う必要があります。

③ 保管申請を行うに当たっては、遺言書とともに、以下の事項が記載された申請書も遺言書保管官に提出しなければなりません。

１）遺言書に記載されている作成の年月日

２）遺言者の氏名、生年月日、住所、本籍（外国人の場合は国籍）

３）遺言書に受遺者がある場合には受遺者の氏名（名称）及び住所

４）遺言書で遺言執行者を指定している場合はその者の氏名（名称）及び住所

５）その他法務省令で定める事項

---

④ 申請を受けた遺言書保管官は、遺言者の本人確認を行います。

⑤ 遺言者は、自己の遺言が保管されている遺言書保管所の遺言書保管官に対し、いつでも自ら出頭して遺言書の閲覧を請求することができます。

⑥ 遺言書は、保管日から、遺言者死亡日から政令で定める一定の期間が経過するまで、遺言書保管所の施設内において保管されます。

⑦　遺言書に関する情報の管理は、磁気ディスク等をもって調製する「遺言書保管ファイル」にて行われます。この遺言書保管ファイルには、以下の事項が記録されます。

１）遺言書の画像情報

２）遺言書に記載されている作成の年月日

３）遺言者の氏名、生年月日、住所、本籍（外国人の場合は国籍）

４）遺言書に受遺者がある場合には受遺者の氏名（名称）及び住所

５）遺言書で遺言執行者を指定している場合はその者の氏名（名称）及び住所

６）遺言の保管を開始した年月日

７）遺言書が保管されている遺言書保管所の名称及び保管番号

　この遺言書保管ファイルも、調製時から、遺言者死亡日から政令で定める一定の期間が経過するまで保管されます。

⑧　遺言者は、遺言書の保管を申請した後でも、いつでも、その保管されている遺言書保管所に自ら出頭して、その申請を撤回することができます。遺言者が撤回を行ったときは、遺言書保管官は、遺言書を遺言者に返還するとともに、遺言書保管ファイルを消去します。

（2）　関係相続人等に関する事項について

①　遺言者の相続人、遺言書に受遺者として記載がある者、遺言書で遺言執行者に指定された者等を「関係相続人等」といい、この関係相続人等は、遺言者が死亡した後は、遺言書保管ファイルに記録されている事項を証明した書面（遺言書情報証明書）の交付を請求することができます。なお、この交付請求は、遺言書が現に保管されている遺言書保管所以外の遺言書保管所の遺言書保管官に対しても行うことができます。

② さらに、関係相続人等は、遺言書が保管されている遺言書保管所の遺言書保管官に対して、遺言書の閲覧を請求できます。

③ 遺言書保管官は、関係相続人等に対し、遺言書情報証明書を交付し、または遺言書の閲覧をさせたときは、速やかに、当該遺言書を保管している旨を遺言者の相続人、受遺者、遺言執行者に対して通知します。ただし、すでに保管されていることを知っているこれらの者に対する通知は不要です。

④ なお、自己が関係相続人等に該当するかどうかは、当該本人にとって必ずしも明らかではないため（特に遺言で受遺者、遺言執行者とされている場合など）、誰でも、最寄りの遺言書保管所の遺言書保管官に対し、その有無の確認を求めることができ、該当する場合には、遺言書に記載されている作成の年月日、遺言書が保管されている遺言書保管所の名称、及び保管番号が記載された書面（遺言書保管事実証明書）の交付を申請することができます。これを手がかりとして、このような関係相続人等においても、遺言書の閲覧や遺言書保管ファイルに記録されている事項を証明した書面（遺言書情報証明書）の交付を請求することができます。ちなみに、衆議院法務委員会及び参議院法務委員会では、「法務局における自筆証書遺言に係る遺言書の保管制度の実効性を確保するため遺言者の死亡届が提出された後、遺言書の存在が相続人、受遺者等に通知される仕組みを可及的速やかに構築すること。」との附帯決議がなされています。

（3）　遺言者による遺言書情報証明書の交付請求

遺言書の返還及び閲覧を認めることにより遺言者の保護は十分である等の理由から、遺言者には、遺言書の閲覧請求と、遺言書保管申請の撤回による遺言書の返還のみが認められ、遺言者が、遺言書保管ファイルに記録されている事項を証明した書面（遺言書情報証明書）の交付請求を行うこ

とは認められていません。

（4） 関係相続人等への遺言書の返還

関係相続人等に対しては、遺言者が死亡した後であっても、遺言書の交付が行われることはなく、遺言書自体は上記一定期間が経過するまで遺言書保管所の施設内において保管されます。そのため、相続人や遺言執行者が遺言に基づいて登記等をすることができるよう、遺言書の正本が交付される仕組みが設けられるものと見込まれます。

（5） 検 認

現在、家庭裁判所による検認手続で行われているのは、遺言の現状の記録、発見時の状況や保管状況の聴取、相続人への通知が中心であるところ、この保管制度の対象となる遺言については、これら機能はすべてカバーされると考えられます。そのため、検認手続は、遺言書保管所に保管されている遺言書については行う必要はありません。なお、この保管制度を利用しない自筆証書遺言を作成することも当然に可能で、民法第1022条にて「遺言者は、いつでも、遺言の方式に従って、その遺言の全部又は一部を撤回することができる。」とある以上、保管制度を利用した自筆証書遺言を、保管制度を利用しない自筆証書遺言にて撤回することも可能です。その逆の場合も同様です[21]。

> [21] 公正証書遺言を、保管制度を利用した自筆証書遺言にて撤回すること等も可能です。

（6） 外国語で作成された自筆証書遺言

仮に遺言書保管官において外国語で作成された遺言書の内容を判読することができないとしても、遺言書保管官は保管に係る遺言書が民法第968条の方式で作成された遺言であるかどうかを確認することができればよく、その他の適法性・有効性まで確認すべき義務を負わない以上、日本語で書かれた申請書によって、保管を申し出ている書面が日本法に基づく自

筆証書遺言であることを確認することができ、かつ、遺言者や通知すべき相続人等を把握することができるのであれば、必ずしも外国語による遺言を遺言書保管制度の対象から除外する必要はないと考えられます。そのため、外国語による自筆証書遺言についても、遺言書保管制度の対象となる運用が見込まれます。

なお、仮に民法第968条規定の方式を満たさない遺言であっても、遺言の方式の準拠法に関する法律第2条第二号に基づき、当該外国人が遺言の成立時に国籍を有した国の法に従って遺言の方式を満たしている場合には方式に関し有効となります。そのため、外国語で作成された遺言書につき、遺言書保管官が民法第968条の方式で作成された遺言であるかどうかまで確認すべきか否かについては別途、問題とはなり得ます。

(7) 適用関係

自筆証書遺言に係る遺言書の保管制度については、法務局における遺言書の保管等に関する法律の公布の日から起算して2年を超えない範囲内において政令で定める日から施行されます（法務局における遺言書の保管等に関する法律附則）。

第**3**節

遺贈の担保責任等

1　趣　旨

　旧民法第998条は、不特定物を遺贈の対象とした場合において、それが相続財産に属しない場合の遺贈義務者の担保責任を定めていたものです。

　しかしながら、相続財産に属しない財産の遺贈は不特定物に限られるものではなく特定物の場合もあること、民法の一部を改正する法律（債権法改正）により、売買等において特定物、不特定物かを区別することなく追完請求等できるとされたこと等に鑑み、不特定物、特定物であるかどうかにかかわらず、遺贈義務者の引渡義務（旧担保責任）に関する規律を設ける必要性が高まり、今般、旧民法第998条が改正されることとなりました。

2　遺贈義務者の引渡義務

第998条

　遺贈義務者は、遺贈の目的である物又は権利を、相続開始の時（その後に当該物又は権利について遺贈の目的として特定した場合にあっては、その特定した時）の状態で引き渡し、又は移転する義務を負う。ただし、遺言者がその遺言に別段の意思を表示したときは、その意思に従う。

第1000条　削除

（1）　概　要

　民法の一部を改正する法律（債権法改正）における贈与の引渡義務（旧担保責任）に関する規定（民551[22]）を参照し、遺贈の無償性を考慮して、遺贈の目的となる物または権利については、遺贈義務者は、原則として、その物または権利を相続開始の時（その後に当該物または権利について遺贈の目的として特定した場合にあっては、その特定した時）の状態で引き渡し、または移転する義務を負うこととしたものです。もっとも、本条は、あくまでも遺言者の通常の意思を前提としていますので、遺言において、遺言者がこれとは異なる意思を表示していた場合には、遺贈義務者はその意思に従った履行をすべき義務を負います。また、本条は、遺贈の目的となる物が特定物であるか不特定物であるかにかかわらず適用されます。

　　　[22]　民法第551条　贈与者は、贈与の目的である物又は権利を、贈与の目的
　　　　　　として特定した時の状態で引き渡し、又は移転することを約したものと
　　　　　　推定する。

　なお、法制審議会では、当初、本条の適用を相続財産に属する財産を遺贈の目的とした場合に限定して検討していましたが、最終的には相続財産に属しているか否かを問わないとしました。遺贈については、基本的に遺言書の記載内容のみから遺言の内容を確定する必要があり、遺言者の意思が明確でない場合の規律を明確にすべき必要性が贈与の場合よりも高いと考えられるにもかかわらず、贈与の場合にはその対象財産に特段の限定が付されていないのに、遺贈の場合には相続財産に属する財産の場合のみの規律を設け、それ以外については解釈に委ねるとするのは相当ではない、というのが理由です。

（2） 民法第996条、第997条第1項と本条との関係

相続財産に属しない財産の遺贈（他人物遺贈）がなされた場合には、特定物・不特定物にかかわらず原則として無効ですが（民996本文）、例外的に、その権利が相続財産に属するかどうかにかかわらず、これを遺贈の目的としたものと認められるときには有効となり（民996ただし書）、遺贈義務者はその権利を取得して、受遺者に移転する義務を負うことになります（民997①）。

つまり、民法第996条、第997条第1項は遺贈義務者の取得義務の有無について定めたものであり、本条（民998）は遺贈義務者の引渡義務（現状のまま引き渡せば足りるのか、それとも物の瑕疵について追完義務等を負うのか）について定めたものです。

（3） 民法第1000条の削除について

民法第1000条は、特定遺贈の目的である物または権利が、遺言者死亡の時点で、用益物権、担保物権、賃借権等、第三者の権利の対象となっていた場合には、当該遺贈の受遺者は、遺言者が遺言で反対の意思を表示していた場合を除き、当該第三者の権利の消滅を遺贈義務者に請求することができない旨を定めています。

しかしながら、上記のとおり、新たに民法第998条が設けられたことにより、たとえ特定遺贈の目的である物または権利が第三者の権利の対象となっていた場合でも、遺贈義務者は、その状態で引き渡しまたは権利を移転すれば足り、当該第三者の権利を消滅させる必要がないことは民法第998条のみで明らかとなることから、本条は削除されました。

（4） 適用関係

民法第998条（遺贈義務者の引渡義務）は、民法の一部を改正する法律（債権法改正）の施行日とともに施行されますが（民法等改正法附則1三）、同施行日前になされた遺贈に係る遺贈義務者の引渡義務については、旧民法

が適用されることとなります（民法等改正法附則7①）。また、削除される民法第1000条についても、第三者の権利の対象となっている財産の遺贈が民法の一部を改正する法律（債権法改正）の施行日前になされた場合には適用されます（民法等改正法附則7②）。

3 撤回された遺言の効力

第1025条

　前三条の規定により撤回された遺言は、その撤回の行為が、撤回され、取り消され、又は効力を生じなくなるに至ったときであっても、その効力を回復しない。ただし、その行為が錯誤、詐欺又は強迫による場合は、この限りでない。

　本条本文は、①遺言がなされ、②その後にその遺言を撤回してしまえば、たとえ、③その撤回自体を撤回したり、取り消したりしたとしても、①の遺言の効力は復活しないことを定めたものです。

　ただし、②での撤回が詐欺や強迫によってなされた場合には、遺言者の真意に基づいてなされたものでないことから、①の遺言の効力は復活することとなり、それを規定したのが本条ただし書となります。

　そして、②での撤回が錯誤に基づく場合でも、その趣旨は共通することから、詐欺、強迫とともに錯誤も加えられることとなりました。

第4節

遺言執行者の権限の明確化等

1 趣 旨

これまで、遺言執行者の法的地位については、「相続人の代理人とみなす」とする規定（旧民1015）があるだけで、規定上必ずしも明確ではありませんでした。そのため、遺言者の意思と相続人の利益とが対立する場合に、遺言執行者と相続人との間でトラブルが生じていましたが、それは遺言執行者の法的地位やその権限内容が規定上明確になっていないことが一因であると考えられます。そこで、今般、遺言執行者の法的地位及び一般的な権限を明確にするための改正が行われました。

2 遺言執行者の権利義務

> **第1012条**
>
> 1　遺言執行者は、<u>遺言の内容を実現するため</u>、相続財産の管理その他遺言の執行に必要な一切の行為をする権利義務を有する。
> 2　略

（1）概 要

遺言執行者の法的地位を明確にする観点から、遺言執行者は、遺言の内

容を実現することを職務とするもので、必ずしも相続人の利益のために職務を行うものではないことを明らかにしたものです。これにより、遺留分侵害額の請求がなされた場合等、遺言者の意思と相続人の利益とが対立する場面においても、遺言執行者はあくまでも遺言者の意思に従って職務を行えばよいことが明確となります。

（2）　適用関係

本条第1項は、民法等改正法施行日前に相続が開始した場合であっても、施行日以降に遺言執行者となる者に対しては適用されます（民法等改正法附則8①）。

3 遺言執行者の行為の効果

> ### 第1015条
>
> 遺言執行者がその権限内において遺言執行者であることを示してした行為は、相続人に対して直接にその効力を生ずる。

既述の遺言執行者の法的地位に照らし、旧民法第1015条の「相続人の代理人とみなす」という部分の実質的な意味（遺言の内容を実現することを職務とするもの）に誤解が生じないよう、遺言執行者の行為の効果は相続人に帰属するとすることで、旧民法第1015条と同じ内容を規律したものです。

また、遺言執行者は、法律効果の帰属主体である相続人全員を明示することまでは必要とされていないものの、自らの資格を示して（遺言執行者である自己の名において）行為をしなければならないものと考えられていることから、その点を明確化するため、「遺言執行者であることを示して」との要件が付加されました。

4 遺言執行者の任務の開始

第1007条

1 遺言執行者が就職を承諾したときは、直ちにその任務を行わなければならない。
2 遺言執行者は、その任務を開始したときは、遅滞なく、遺言の内容を相続人に通知しなければならない。

(1) 概 要

遺言の内容の実現は、遺言執行者がいない場合は相続人が、遺言執行者がいる場合には遺言執行者がすべきことになるため、相続人としては、遺言の内容及び遺言執行者の有無について重大な利害関係を有することとなりますが、旧民法上、遺言執行者がいる場合に、相続人がこれを知る手段が確保されていなかったため、本条第2項が設けられました。

(2) 適用関係

本条第2項は、民法等改正法施行日前に相続が開始した場合であっても、施行日以降に遺言執行者となる者に対しては適用されます（民法等改正法附則8①）。

5 遺贈の履行

第1012条

1 略
2 遺言執行者がある場合には、遺贈の履行は、遺言執行者のみが行うことができる。

（1）　概　要

本条は、遺贈における受遺者において、遺贈の履行請求の相手方を明確にするため設けられたものです。これにより、受遺者は、遺言執行者がいる場合には遺言執行者のみを、遺言執行者がいない場合には相続人を相手方として、遺贈の履行請求をすべきことが明らかとなります。

なお、本条が設けられたとしても、遺言者が、遺贈の履行請求の相手方を遺言にて任意に定めることはこれまでどおり可能です（例えば、特定の遺贈についてのみ、特定の者に当該遺贈の履行をさせたいとの意向を遺言者が有している場合には、当該遺贈についてのみ権限を有する遺言執行者を指定する等）。また、遺贈は法律行為であり、遺贈義務の内容は遺言者の意思によって定まるものである以上、遺贈義務の内容について遺言者が何らかの意思を遺言で表示した場合にはその内容に従うことについても従前どおり同様です。

（2）　適用関係

本条第2項は、民法等改正法施行日前に相続が開始した場合であっても、施行日以降に遺言執行者となる者に対しては適用されます（民法等改正法附則8①）。

6　特定財産に関する遺言の執行

> **第1014条**
>
> 1　略
> 2　遺産の分割の方法の指定として遺産に属する特定の財産を共同相続人の1人又は数人に承継させる旨の遺言（以下「特定財産承継遺言」という。）があったときは、遺言執行者は、当該共同相続人が第899条の2第1項に規定する対抗要件を備えるために必要な行為

をすることができる。

3　前項の財産が預貯金債権である場合には、遺言執行者は、同項に規定する行為のほか、その預金又は貯金の払戻しの請求及びその預金又は貯金に係る契約の解約の申入れをすることができる。ただし、解約の申入れについては、その預貯金債権の全部が特定財産承継遺言の目的である場合に限る。

4　前二項の規定にかかわらず、被相続人が遺言で別段の意思を表示したときは、その意思に従う。

（1）　本条第2項について

　遺贈の場合とは異なり、特定財産承継遺言（いわゆる相続させる旨の遺言）については、民法上、その効果についても学説上争いがあることから、遺言執行者の履行内容を明確化すべく、特定財産承継遺言がなされた場合において遺言執行者が対抗要件を備えるための必要な行為ができることを本条第2項にて明らかにしたものです。

　なお、最高裁平成11年12月16日判決では、いわゆる相続させる旨の対象が不動産である場合、受益相続人が単独で登記申請することができると判示していますが、本条第2項で遺言執行者が対抗要件を備えるために必要な行為をすることが「できる」としていることからすれば、遺言執行者がいる場合であっても、従前どおり、受益相続人が単独で不動産の所有権移転登記申請を行うことはできると考えられます。

（2）　本条第3項について

　本条第3項は、特定財産承継遺言の対象財産が預貯金債権である場合に、遺言執行者にその契約の払戻し請求及び解約申入れができることを認めることとしたものです（遺言執行者に強制的な解約権限を認めるものではありません）。これは、現行の銀行実務において、預金債権について遺贈

や相続させる旨の遺言がされた場合には、受遺者等に名義変更をした上で、その預金口座を維持する取扱いはほとんどされていないといわれていることや、遺言執行者がいる場合にも、受遺者等に当該預金債権の対抗要件を具備させた上で受遺者等が自ら預金債権を行使することとするよりは、遺言執行者に預金債権を解約行使させ、遺言執行者に引き出した預金の分配まで委ねる方が手続として簡便であり、遺言者の通常の意思に合致する場合が多いと考えられること等を考慮したものです。

なお、本条第3項ただし書にて、「解約の申入れについては、その預貯金債権の全部が特定財産承継遺言の目的である場合に限る。」とあるのは、預貯金の一部のみについて特定財産承継遺言がされた場合にも預貯金契約の全部を解約申入れができるとすると、遺言の執行に必要な範囲を超えて、遺言執行者に相続財産の処分を認めることになること、遺言執行者の職務としては、通常、相続開始後、比較的短期間のうちに遂行可能なものが想定されているにもかかわらず、それを認めることで、遺言執行者は、解約により取得した預貯金（現金）を遺産分割が終了するまで保管すべき義務を負うこととなり相当ではない、というのが理由です。

なお、預貯金を全体として解約するには、その預貯金全部について誰かに帰属させるという遺言がなければならないとの本条第3項ただし書の趣旨に鑑みれば、定期預金のような場合にも、金融機関において一部解約という形で払戻しに応じることは許されると考えられます。

また、本条第3項は、預貯金債権以外の債権についてまで、遺言執行者の払戻し請求や解約申入れを一律に禁じたものではないため、その可否は遺言の内容等に応じて個別に判断されることになります。

（3） 適用関係

本条第2項から第4項については、民法等改正法施行日以前になされた特定の財産に関する遺言に係る遺言執行者による執行については適用さ

れません（民法等改正法附則8②）。

7 遺言執行者の復任権

第1016条

1 遺言執行者は、自己の責任で第三者にその任務を行わせることができる。ただし、遺言者がその遺言に別段の意思を表示したときは、その意思に従う。

2 前項本文の場合において、第三者に任務を行わせることについてやむを得ない事由があるときは、遺言執行者は、相続人に対してその選任及び監督についての責任のみを負う。

（1）概 要

遺言執行者は、一般に、法定代理人であると解されているため、遺言執行者にも、他の法定代理人と同様の要件（民105）の下で復任権を認めることとしたものです。旧民法では、遺言執行者は、原則としてやむを得ない事由がなければ第三者にその任務を行わせることができないこととされ、復任権が制限されていました。しかしながら、遺言執行者についても、遺言の内容如何によっては、その職務が非常に広範に及ぶこともあり得、また、遺言の執行を適切に行うためには相応の法律知識等を有していることが必要となる場合があるなど、事案によっては弁護士等の法律専門家にこれを一任した方が適切な処理を期待することができます。そこで、遺言執行者についても、他の法定代理人と同様の要件で、復任権を認めることとしたものです。

なお、遺言執行者は遺言者の意思に基づいて権限行使をすべき立場にあり、これは復任権の行使の場面でも同様であり、遺言者が別段の意思を表

第4節 遺言執行者の権限の明確化等

93

明した場合には、これに従うべきであると考えられることから、その旨を明らかにするため本条第1項ただし書にて「遺言者がその遺言に別段の意思を表示したときは、その意思に従う。」と規定しています。

（2）　適用関係

　民法等改正法施行日前になされた遺言における遺言執行者の復任権については本条の適用はなく、旧民法が適用されます（民法等改正法附則8③）。

第4章

遺留分制度に関する見直し

第1節

遺留分減殺請求権の効力及び法的性質の見直し

1 趣 旨

　遺留分減殺請求権の法的効果としては、遺留分減殺請求権の行使により、当然に物権的効果が生じるとされていました（最判昭和51年8月30日）。この物権的効果というのは、例えば、特定物の遺贈または生前贈与がなされているような場合に、遺留分減殺請求権を行使することで、当該遺贈または生前贈与は遺留分を侵害する限度において失効し、受遺者または受贈者が取得した所有権等は、その限度で当然に遺留分減殺請求者に帰属するというものです。

　このような効果から、遺留分減殺請求権が行使されることで、遺贈または贈与の目的財産は、これら受益者と遺留分減殺請求者との共有となってしまうことが多く、その結果、財産の処分や円滑な事業承継を困難にし、共有関係の解消をめぐって新たな紛争を生じさせるといった指摘もなされていました。

　そもそも、遺留分制度は、遺留分権利者の生活保障や遺産の形成に貢献した遺留分権利者の潜在的持分の清算等を目的とする制度と考えられており、その目的を達成するためには必ずしもこのような物権的効果まで認める必要はなく、遺留分権利者に遺留分侵害額に相当する価値を返還させることでも十分と考えられます。

97

そこで、今回の改正では、遺留分減殺請求権の効力及び法的性質を中心に、その他これまでの遺留分に関する規定において必ずしも明らかではなかった事項を明確化するための見直しが行われました。

2 遺留分侵害額の請求

第1046条

1　遺留分権利者及びその承継人は、受遺者（特定財産承継遺言により財産を承継し又は相続分の指定を受けた相続人を含む。以下この章において同じ。）又は受贈者に対し、遺留分侵害額に相当する金銭の支払を請求することができる。

2　遺留分侵害額は、第1042条の規定による遺留分から第一号及び第二号に掲げる額を控除し、これに第三号に掲げる額を加算して算定する。

　一　遺留分権利者が受けた遺贈又は第903条第1項に規定する贈与の価額

　二　第900条から第902条まで、第903条及び第904条の規定により算定した相続分に応じて遺留分権利者が取得すべき遺産の価額

　三　被相続人が相続開始の時において有した債務のうち、第899条の規定により遺留分権利者が承継する債務（次条第3項において「遺留分権利者承継債務」という。）の額

（1）　本条第1項について

遺留分侵害額請求権の行使によって当然に物権的効果が生じるとのこれまでの規律を改め、遺留分侵害額に相当する金銭請求権が遺留分権利者に生じることを明記するものです。受遺者また受贈者に対する具体的な金銭請求権は、本条第1項の請求権を行使して初めて発生します。遺留分に

関する調停前置主義についての変更もないと考えられます。

　また、当該権利の行使によって当然に物権的効果が生ずるとされていた考え方を見直し、遺留分権利者に遺留分侵害額に相当する金銭請求権が付与されることで、遺贈または贈与に対して「減殺」するという概念はなくなりました。それに伴い、以後、遺留分が「侵害」されるとの表現に変更されることとなります。

　さらに、現行法においても、特定財産承継遺言（いわゆる相続させる旨の遺言）により財産を承継し、または相続分の指定を受けた相続人についても、遺留分侵害額請求の対象となっているところ、この点を明らかにすべく、「受遺者（特定財産承継遺言により財産を承継し又は相続分の指定を受けた相続人を含む。以下この章において同じ。）」に対し、遺留分侵害額に相当する金銭の支払請求をすることができるとしています。

（2）　本条第2項について

　これまで遺留分侵害額の計算方法は法律上明示されていませんでしたが、一般的に、下記計算式により求めるものとされ実務上も定着していると思われることから、明文化されたものです。

【遺留分侵害額】

（遺留分（※1））−（遺留分権利者が受けた特別受益）−（遺留分権利者が取得すべき具体的相続分）+（民法第899条[23]の規定により遺留分権利者が承継する相続債務の額）

※1　遺留分

　　（遺留分を算定するための財産の価額（※2））×（民法第1042条第1項各号に掲げる遺留分率）×（遺留分権利者の法定相続分）

※2　遺留分を算定するための財産の価額（民1043・1044）

　　（被相続人が相続開始の時において有した財産の価額（遺贈も含まれる））+

（相続人に対する生前贈与の価額（原則10年以内））＋（第三者に対する生前贈与の価額（原則1年以内））－（被相続人の債務の全額）

　　［23］　民法第899条「各共同相続人は、その相続分に応じて被相続人の権利義務を承継する。」

　なお、上記遺留分侵害額での（遺留分権利者が受けた特別受益）に関し、今回の改正では、遺留分権利者が受けた特別受益に該当する生前贈与については、民法第1044条第3項の適用はないため、相続開始10年以内かどうかを問わず、すべての特別受益に該当する生前贈与がここに含まれることとなります。

第2節

受遺者または受贈者の負担額

1 趣 旨

遺留分侵害額請求の対象となる遺贈または贈与に関し遺留分制度の見直しに伴う調整や、その他、これまでの判例実務での考え方を明文化するための見直しが行われました。

2 受遺者または受贈者の負担額

第1047条

1 受遺者又は受贈者は、次の各号の定めるところに従い、遺贈（特定財産承継遺言による財産の承継又は相続分の指定による遺産の取得を含む。以下この章において同じ。）又は贈与（遺留分を算定するための財産の価額に算入されるものに限る。以下この章において同じ。）の目的の価額（受遺者又は受贈者が相続人である場合にあっては、当該価額から第1042条の規定による遺留分として当該相続人が受けるべき額を控除した額）を限度として、遺留分侵害額を負担する。

一 受遺者と受贈者とがあるときは、受遺者が先に負担する。

二 受遺者が複数あるとき、又は受贈者が複数ある場合においてその贈与が同時にされたものであるときは、受遺者又は受贈者がその目的の価額の割合に応じて負担する。ただし、遺言者がその遺

言に別段の意思を表示したときは、その意思に従う。

　三　受贈者が複数あるとき（前号に規定する場合を除く。）は、後の贈与に係る受贈者から順次前の贈与に係る受贈者が負担する。

2　第904条、第1043条第2項及び第1045条の規定は、前項に規定する遺贈又は贈与の目的の価額について準用する。

3　前条第1項の請求を受けた受遺者又は受贈者は、遺留分権利者承継債務について弁済その他の債務を消滅させる行為をしたときは、消滅した債務の額の限度において、遺留分権利者に対する意思表示によって第1項の規定により負担する債務を消滅させることができる。この場合において、当該行為によって遺留分権利者に対して取得した求償権は、消滅した当該債務の額の限度において消滅する。

4　受遺者又は受贈者の無資力によって生じた損失は、遺留分権利者の負担に帰する。

5　裁判所は、受遺者又は受贈者の請求により、第1項の規定により負担する債務の全部又は一部の支払につき相当の期限を許与することができる。

（1）　本条第1項について

　本条第1項各号は、遺留分を侵害している者が複数いる場合の遺留分侵害額の負担順序及び負担割合を定めたものですが、今回、その点に関する改正はなされていません。

　本条第1項第一号は旧民法第1033条に、本条第1項第二号は旧民法第1034条に、本条第1項第三号は旧民法第1035条についてそれぞれ対応するものです。

　本条第1項本文は、受遺者または受贈者が、上記各号の負担順序及び負担割合に従い、遺贈または贈与の目的の価額を限度として、遺留分侵害

額を負担することを定めたものですが、この点についても従前とその実質において変更点はありません。

　この点、本条第1項本文では、受遺者または受贈者が相続人である場合には、それらの者に対する遺贈または贈与の目的の価額から、民法第1042条の規定による遺留分として当該相続人が受けるべき額を控除した額を限度として、遺留分侵害額を負担することを規定しています。つまり、受遺者等が相続人である場合には、それらの者に対する遺贈等の目的の価額から、受遺者等自身が遺留分として受けるべき額を控除した上で、その残余において遺留分侵害額を負担するというものです。

　これは、旧民法第1034条の「目的の価額」に関する解釈として、受遺者等が相続人である場合には、その者の遺留分額を超過した額のみが受遺者等の負担すべき「遺贈の目的の価額」となる旨判示した判例（最判平成10年2月26日）に従い、明文化されたものです。

　また、特定財産承継遺言（いわゆる相続させる旨の遺言）や相続分の指定による遺産の取得についても、遺贈等と同様、遺留分侵害額請求の対象とされていることから、この点も明らかにすべく、本条第1項本文にて、「遺贈（特定財産承継遺言による財産の承継又は相続分の指定による遺産の取得を含む。以下この章において同じ。）」との括弧書きが規定されています。

　なお、本条第1項本文での「贈与」に関し、括弧書きにて（遺留分を算定するための財産の価額に算入されるものに限る。以下この章において同じ。）とあるのは、遺留分を算定するための財産の価額として加えられる生前贈与については、原則として、相続人に対するものについては相続開始10年以内のもの、第三者に対する生前贈与については相続開始1年以内のものとする今回の改正を受け注意的に規定されたものです。そのため、例えば、特別受益に該当する生前贈与を相続人が相続開始10年以上前に受けたような場合には、原則として遺留分侵害額を負担すべき「贈

与」には該当しないこととなります。

（2） 本条第2項、第4項について

本条第2項は、受贈財産が受贈者の行為によって滅失等した場合の評価に関する民法第904条、条件付き権利等に関する評価方法を定めた民法第1043条第2項、負担付き贈与及び不相当な対価による有償行為に関する規律を定めた民法第1045条を、本条第1項においてもそれぞれ準用することを定めたものです。

本条第4項は、旧民法第1037条と同様、受遺者等の無資力のために、遺留分侵害額の支払いを受けることができない場合であっても、遺留分権利者は、さらに次順位の受遺者等に対してその不足分を請求することはできないことを定めたものです。

（3） 本条第3項について

本条は、遺留分権利者が承継した相続債務について、受遺者等が弁済をし、または免責的債務引受をするなど、その債務を消滅させる行為をした場合には、遺留分権利者による侵害額の請求権及び受遺者等の遺留分権利者に対する求償権が、その消滅した債務額の限度でそれぞれ減縮するとするものです。

例えば、法定相続人がA、Bの2人で（法定相続分は各自2分の1）、被相続人が相続開始の時において有していた積極財産はなく、相続債務が2,000万円、被相続人がAに対し亡くなる数年前に4,000万円の不動産を贈与していたとします。

この場合、Bの遺留分侵害額は1,500万円（（4,000万円－2,000万円）×1／2×1／2＋2,000万円×1／2＝1,500万円）となるため、BがAに対して遺留分侵害額請求として1,500万円の支払いを求め、その後、AがBの債務（遺留分権利者承継債務）1,000万円を弁済したとします。

そのような場合、本条前段によって、Aは、自己がBに対して負担す

る1,500万円の遺留分侵害額支払債務に関し、1,000万円の消滅請求をすることができ、かかる消滅請求によりBのAに対する遺留分侵害額請求権は500万円に減縮されることになります。そして、本条後段により、AがBの債務（遺留分権利者承継債務）1,000万円を弁済したことで取得したBに対する1,000万円の求償債権は、Aが上記消滅請求をした時に消滅することになります。

（4） 本条第5項について

　遺留分侵害額請求により金銭請求を受けた受遺者等が直ちに支払原資を調達できるとは限らず、その際に生じる不都合を解消するため、借地借家法第13条第2項（建物買取請求権を行使された借地権設定者の請求による代金債務の期限の許与）、民法第196条第2項（有益費償還請求を受けた占有物の回復者の請求による有益費支払債務の期限の許与）等と同様、金銭請求を受けた受遺者等の請求により、裁判所が、金銭債務の全部または一部の支払いにつき期限の許与を付すことができることとしたものです。

第3節

遺留分の算定方法の見直し

1　趣　旨

　生前贈与について、「相続開始前の1年間にしたものに限り」遺留分を算定するための財産の価額に算入するとの旧民法第1030条の解釈に関しては、相続人以外の第三者に対して贈与がなされた場合に適用されるものであり、相続人に対して生前贈与がされた場合には、その時期を問わずに遺留分を算定するための財産の価額に算入される、というのが判例（最判平成10年3月24日）及び実務の考え方でした。

　しかしながら、このような考え方によると、被相続人が相続開始から何十年も前にした相続人に対する贈与によって、第三者である受遺者等が受ける遺留分侵害の範囲が大きく変わることになりますが、第三者である受遺者等は、相続人に対する古い贈与の存在を知り得ないのが通常であるため、第三者である受遺者等に不測の損害を与え、その法的安定性を害するおそれがあります。

　そこで、今回の改正により、遺留分を算定するための財産の価額に算入される生前贈与に関する規律が見直されました。

2 遺留分の算定方法の見直し

> **第1044条**
>
> 1　贈与は、相続開始前の１年間にしたものに限り、前条の規定により
> によりその価額を算入する。当事者双方が遺留分権利者に損害を加え
> ることを知って贈与をしたときは、１年前の日より前にしたもの
> についても、同様とする。
> 2　第904条の規定は、前項に規定する贈与の価額について準用する。
> 3　相続人に対する贈与についての第１項の規定の適用については、
> 同項中「１年」とあるのは「10年」と、「価額」とあるのは「価額（婚
> 姻若しくは養子縁組のため又は生計の資本として受けた贈与の価額に限
> る。）」とする。

　遺留分は、（遺留分を算定するための財産の価額）×（民法第1042条第１項各号に掲げる遺留分率）×（遺留分権利者の法定相続分）との計算式により算出されますが、（遺留分を算定するための財産の価額）は、民法第1043条により、以下のとおり算出されます。

> （遺留分を算定するための財産の価額）＝（被相続人が相続開始の時において
> 有した財産の価額（遺贈も含まれる））＋（相続人に対する生前贈与の価額）
> ＋（第三者に対する生前贈与の価額）－（被相続人の債務の全額）

　上記での（相続人に対する生前贈与の価額）及び（第三者に対する生前贈与の価額）に関する規律を定めたのが本条第１項及び第３項となり、それぞれ以下のとおりとなります。

【相続人に対する生前贈与の価額】

原則：相続開始前10年以内になされた特別受益に該当する生前贈与の価
　　　額

例外：贈与者・受贈者双方が遺留分権利者に損害を加えることを知って
　　　贈与をしたときは、相続開始前10年以内との制限なく、すべての
　　　特別受益に該当する生前贈与の価額

※特別受益に該当する生前贈与とは、婚姻もしくは養子縁組のためまた
　は生計の資本として受けた生前贈与をいいます。

【第三者に対する生前贈与の価額】

原則：相続開始前1年以内になされた生前贈与の価額

例外：贈与者・受贈者双方が遺留分権利者に損害を加えることを知って
　　　贈与をしたときは、相続開始前1年以内との制限なく、すべての
　　　生前贈与の価額

　また、本条第2項により、受贈財産が受贈者の行為によって滅失し、
またはその価額に増減があった場合でも、相続開始当時なお、受贈当時の
状態のままであるものとみなして受贈財産を評価する旨規定した民法第
904条が上記各価額について準用されます。

第 **4** 節

負担付贈与、不相当な対価による有償行為に関する規律

1 趣 旨

　負担付贈与がある場合の遺留分の算定方法に関し、これまで解釈上争いがあった点を明確にするための見直しが、不相当な対価による有償行為に関しては、遺留分侵害額請求権の効力及び法的性質の変更に伴う見直しがそれぞれ行われました。

2 負担付贈与、不相当な対価による有償行為に関する規律

> **第1045条**
>
> 1　負担付贈与がされた場合における第1043条第1項に規定する贈与した財産の価額は、その目的の価額から負担の価額を控除した額とする。
> 2　不相当な対価をもってした有償行為は、当事者双方が遺留分権利者に損害を加えることを知ってしたものに限り、当該対価を負担の価額とする負担付贈与とみなす。(「この場合において、遺留分権利者がその減殺を請求するときは、その対価を償還しなければならない。」→削除)

（1）　本条第1項について

　旧民法第1038条は、負担付贈与がされた場合について、その目的財産の価額から負担の価額を控除したものについて減殺を請求することができるとしていましたが、この規定が遺留分算定の基礎となる財産の額を算定するに当たっても同様の取扱いとするものか（一部算入説）、もしくは、遺留分算定の基礎となる財産の額を算定する際には、その目的財産の価額を全額算入しつつ、減殺の対象を前記控除後の残額に限定した趣旨なのか（全額算入説）どうかにつき、学説上見解が分かれていました。この点、全額算入説は、負担を費用の前払いとみるか、負担付贈与の負担部分とみるかという微妙なケースでの事実認定次第で結論が大きく変わる等の問題点があることから、本条第1項にて、一部算入説を採用することが明らかにされました。

　そのため、例えば、相続人がA、Bの2名（法定相続分は各自2分の1）、被相続人が第三者Cに対し6,000万円を遺贈し、相続人Aに対しては相続開始の5年前に被相続人の債務2,000万円を引き受ける代わりに4,000万円を交付（相続人Aは相続開始時までに債務を完済）したような事案では、本条第1項により、相続人Bの遺留分は以下のとおり計算されることとなります。

　　〈遺留分を算定するための財産の価額〉
　　　6,000万円＋（4,000万円－2,000万円）＝8,000万円

　　〈相続人Bの遺留分〉
　　　8,000万円×1／2×1／2＝2,000万円

（2）　本条第2項について

　不相当な対価による有償行為がある場合における遺留分の算定方法につ

いては旧民法第1039条が規定していましたが、同条については、一般に、遺留分の算定の基礎となる財産の額を算定する際には対価を控除した残額部分が加算されるものの、減殺の対象となるのはその全額（その代わりに遺留分権利者は対価を償還する）であると解されていました。しかしながら、今回の改正にて、遺留分侵害額請求権の行使によって生ずる権利が金銭債権化する以上、このような解釈を採用する合理性に欠けることとなります。そこで、不相当な対価による有償行為がある場合は、不相当な対価を負担の価額とする負担付贈与とみなして、本条第1項に従って処理されることとなりました。

　なお、旧民法第1039条では、不相当な対価による有償行為については、当事者双方が遺留分権利者に損害を加えることを知ってしたものに限り、との限定を付していましたが、本条第2項においても同様の趣旨としています。これは、遺贈や贈与といった無償処分こそ、被相続人の財産を一方的に減少せしめ、遺留分権利者を害する行為であるとして遺留分侵害額請求の対象としているところ、たとえ不相当であっても対価が支払われているような場合すべてにつき遺留分侵害額請求の対象とすべきではない、との理由に基づきます。

第**5**章

相続の効力等（権利及び
義務の承継等）に関する
見直し

第1節

相続による権利の承継に関する規律

1 趣旨

　遺言が存在せず、遺産分割が必要となる場合には、例えば、法定相続分による権利の承継があったことを前提として当該相続人に対してされた差押え等の効力は、その後の遺産分割の結果によって影響を受けないこととされています（第909条ただし書参照）。同様に、被相続人に債務を負う者が相続人に対して法定相続分に従った弁済をすれば、常に有効な弁済として取り扱われることになります。

　これに対し、遺言が存在する場合、例えば、相続させる旨の遺言がある場合に、最高裁平成14年6月10日判決に従えば、これにより相続人が法定相続分を超える割合の不動産を取得したときでも、登記なくしてこれを第三者に対抗できることになります。また、被相続人の債務者が、遺言の存在を知らずに法定相続分に従って弁済をすると、遺言の内容と異なる部分の弁済は原則として無効となってしまいます[24]。

> [24]　債務者において準占有者に対する弁済の要件を満たしていることを主張立証しなければなりません。

　このように、現行の判例を前提とすると、遺言がある場合には、遺言がない場合に比し、相続債権者や被相続人の債務者の法的地位が不安定となってしまうことがありますが、相続の開始という一事由によってこのよ

115

うな不安定な地位に置かれるのは必ずしも合理的な結果とはいえません。不動産取引が絡む場合には、実体的な権利と公示の不一致が生ずる場面が多く存在することとなり、不動産登記制度に対する信頼を害することにもなります。

　そこで、今回の改正では、これらの点を考慮して、相続による権利の承継についても対抗要件主義が適用されるとの規定が設けられました。

2　共同相続における権利の承継の対抗要件

> **第899条の2**
>
> 1　相続による権利の承継は、遺産の分割によるものかどうかにかかわらず、次条及び第901条の規定により算定した相続分を超える部分については、登記、登録その他の対抗要件を備えなければ、第三者に対抗することができない。
> 2　前項の権利が債権である場合において、次条及び第901条の規定により算定した相続分を超えて当該債権を承継した共同相続人が当該債権に係る遺言の内容（遺産の分割により当該債権を承継した場合にあっては、当該債権に係る遺産の分割の内容）を明らかにして債務者にその承継の通知をしたときは、共同相続人の全員が債務者に通知をしたものとみなして、同項の規定を適用する。

（1）　本条第1項について

　本条第1項により、たとえ遺言（特定財産承継遺言（いわゆる相続させる旨の遺言）、相続分の指定）にて法定相続分と異なる指定をしたとしても、法定相続分を超える部分については、登記、登録その他の対抗要件を備えなければ、第三者に対して対抗することができないこととなります。

これまでは、例えば、特定財産承継遺言がなされていた場合（被相続人Ａ、相続人Ｂ、Ｃの２名、法定相続分は各２分の１、相続人Ｂに対し特定の不動産を相続させる旨の遺言があるような場合）、相続人Ｃが当該不動産を第三者Ｄに譲渡し、第三者Ｄが所有権移転登記を受けていたとしても、相続人Ｂは第三者Ｄに対し、登記なくして自己の所有権取得を対抗することができました（最判平成14年６月10日）。

　それに対し、本条が創設されたことにより、上記と同様の事例においては、相続人Ｂは第三者Ｄとの間では、相続人Ｂの法定相続分を超える部分（当該不動産の２分の１）については対抗関係[25]に立ち、第三者Ｄが先に対抗要件（登記）を備えた場合には、同２分の１については第三者Ｄに所有権取得を対抗できないこととなります。

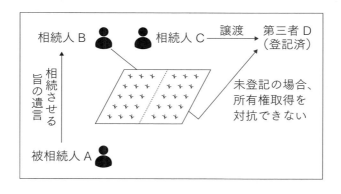

［25］　法制審議会での第21回資料によると、特定財産承継遺言に関し、同様の事例にて以下の説明がなされています。「相続人以外の第三者との関係では、㋐「遺産分割方法の指定」によるＡ→Ｂの物権変動〔遺言による承継のルート〕と㋑Ａの死亡による「法定相続」を原因とする権利変動（甲不動産の各２分の１の持分について、Ａ→Ｂ、Ａ→Ｃへの物権変動があるものとみる。）〔法定相続分による承継のルート〕があるものとし、二重譲渡類似の関係を作出することを意図したものである。このため、Ｂ

とDとの関係においては、遺贈の場合と同様、Aを起点とするA→B
の物権変動と、A→C→Dの物権変動（甲不動産の2分の1の共有持分）
が二重譲渡類似の関係にあり、かつ、Dは、同条の「第三者」に該当す
るため、Bは、登記をしなければ、遺産分割方法の指定による物権変動
をDに対抗することができないことになる。」

なお、仮に上記の事例において、相続人Bに対し特定の不動産を遺贈
するとの遺言である場合は、これまでの判例（最判昭和39年3月6日参照）
も対抗関係に立つ旨判示していますので、本条の創設によっても結論に違
いは生じません。

また、いずれの場合であっても、相続人Bの法定相続分（当該不動産の
2分の1）については相続人Cは無権利者であり、当該無権利者からの譲
受人である第三者Dについても、たとえ登記を経ていたとしても権利を
取得することはできません。

（2） 本条第2項について

相続による債権の承継についても本条第1項が適用されますが、相続
において、債権譲渡の譲渡人に相当する者は、被相続人の地位を包括的に
承継した共同相続人全員であり、譲受人に相当する者は遺言や遺産分割に
より相続財産に属する債権を取得した受益相続人と考えられます。その場
合、債務者が承諾し、または相続人全員が任意に受益相続人とともに債務
者に通知するのであれば、対抗要件を具備できますが、相続による債権の
承継の場合には、他の共同相続人は通知義務を負わない結果、受益相続人
以外の相続人全員が任意に通知しない場合には、対抗要件具備義務を負う
者がいなくなります。

そこで、本条第2項では、受益相続人が単独で通知することで共同相
続人の全員が債務者に通知をしたものとみなして、本条第1項を適用す
るとしています。その結果、受益相続人が単独で債務者に通知することで
債務者に対抗でき（民467①）、確定日付ある証書による通知により債務者

以外の第三者にも対抗することができます（民467②）。

(3) 「遺言の内容を明らかにして」の意味について

本条第2項では、遺言の内容を明らかにして債務者にその承継の通知をすることとしていますが、これは、遺言書等の交付を必須の要件とはせず、債務者において、客観的に遺言の内容を判断することができる方法による通知を認める観点から規定されたものです。

虚偽通知を防止するには、債務者をして、客観的に遺言等の有無やその内容を判断できるような方法（例えば、受益相続人が遺言の原本を提示し、債務者の求めに応じて債権の承継の記載部分について写しを交付する方法等）にて通知することでも足りることから、必ずしも遺言書等の交付まで必要としないとしたものです。

(4) 今後の留意点

遺贈や特定財産承継遺言（いわゆる相続させる旨の遺言）の場合には、相続人としても所有権移転登記等、対抗要件を速やかに備えることができるとしても、遺産分割をなお必要とする抽象的な相続分の指定が遺言にてなされた場合には、遺産分割にて具体的な帰属を決する必要があるため、速やかに対抗要件を備えることは困難です。その間に被相続人の債権者が法定相続分に従った相続登記をした上で、各相続人の共有持分について差押え等した場合には対抗できないこととなります。そのため、被相続人が対抗関係で相続人を優先させたい場合には、相続分の指定ではなく、遺贈または相続させる旨の遺言を作成する必要があると考えます。

(5) 適用関係

施行日前に開始した相続に関し、遺産分割により債権の承継がなされた場合には、その承継の通知が施行日以降であれば本条が適用されます（民法等改正法附則3）。

第**2**節

義務の承継に関する規律

1 趣 旨

　本条は、相続債務の承継に関する最高裁平成21年3月24日判決の考え方を明文化したものです。

2 相続分の指定がある場合の債権者の権利の行使

> **第902条の2**
>
> 　被相続人が相続開始の時において有した債務の債権者は、前条の規定による相続分の指定がされた場合であっても、各共同相続人に対し、第900条及び第901条の規定により算定した相続分に応じてその権利を行使することができる。ただし、その債権者が共同相続人の1人に対してその指定された相続分に応じた債務の承継を承認したときは、この限りでない。

　最高裁平成21年3月24日判決は、「遺言による相続債務についての相続分の指定は、相続債務の債権者（以下「相続債権者」という。）の関与なくされたものであるから、相続債権者に対してはその効力が及ばないものと解するのが相当であり、各相続人は、相続債権者から法定相続分に従った

相続債務の履行を求められたときには、これに応じなければならず、指定相続分に応じて相続債務を承継したことを主張することはできないが、相続債権者の方から相続債務についての相続分の指定の効力を承認し、各相続人に対し、指定相続分に応じた相続債務の履行を請求することは妨げられない」と判示しています。本条はこの判例の考え方を明文化したものです。

　本条により、相続債権者（被相続人が相続開始の時において有した債務の債権者）は、たとえ遺言にて相続分の指定がなされている場合であっても、当該指定相続分の割合による債務の承継を承認しない限り、あくまでも法定相続分の割合による権利行使をすることができます。

　ただし、共同相続人の1人に対して当該指定相続分の割合による債務の承継を承認した場合には、法定相続分の割合による権利行使はできません。

第3節

遺言執行者がある場合における相続人の行為の効果等

1 趣旨

旧民法第1013条は、「遺言執行者がある場合には、相続人は、相続財産の処分その他遺言の執行を妨げるべき行為をすることができない。」と規定しているところ、相続人がこれに違反する行為をした場合の効果について、判例は絶対的無効としています（最判昭和39年3月6日）。

しかしながら、第5章第1節「相続による権利の承継に関する規律」でみたとおり、特定財産承継遺言や相続分の指定がなされた場合にも対抗要件主義を拡張したにもかかわらず、遺言執行者の有無により結果に差異を生じさせることは、遺言の存否及び内容を容易に知り得ない第三者に不測の損害を与え、取引の安全を害するおそれがあります。

そこで、今般、このような問題を解消するための方策として本条が新たに設けられました。

2 遺言の執行の妨害行為の禁止

> **第1013条**
>
> 1 遺言執行者がある場合には、相続人は、相続財産の処分その他遺言の執行を妨げるべき行為をすることができない。

> 2 前項の規定に違反してした行為は、無効とする。ただし、これをもって善意の第三者に対抗することができない。
> 3 前二項の規定は、相続人の債権者（相続債権者を含む。）が相続財産についてその権利を行使することを妨げない。

（1） 概　要

　本条第2項は、現行法と同様、遺言執行者がある場合には、それに抵触する相続人の行為は無効であるとしつつ、遺言の内容を容易に知り得ない第三者の取引の安全を図る観点から、第三者が善意である場合には、相続人に処分権限がないことが治癒され、対抗関係として処理されるとしたものです。

　なお、本条第2項は、相続人が、本条第1項での相続人による相続財産の処分その他遺言の執行を妨げるべき行為を無効としつつ、第三者との関係では第三者が善意であることを前提に対抗関係で処理されるというように、あくまでも相続人による遺言の執行を妨げるべき行為を前提としているため、そのような行為を前提としない相続債権者や相続人の債権者が相続財産について相殺や強制執行等を行うことまで禁じているものではありません。それを明示したのが本条第3項となります[26]。

> [26]　本条第3項での相続債権者や相続人の債権者により行使できる権利とは、相殺や強制執行のみならず、被相続人名義の不動産について差押え等をする前提として代位による相続登記をすること等も含まれるものと考えられます。

　本条第2項に関し、具体例にて説明すると、例えば、特定財産承継遺言がなされていた場合（被相続人A、相続人B、Cの2名、法定相続分は各2分の1、相続人Bに対し特定の不動産を相続させる旨の遺言があるような場合）、相続人Cが当該不動産の持分2分の1を第三者Dに譲渡したとし

ます。その場合、遺言執行者の有無により、当該不動産の持分2分の1に関して以下のような結論となります。

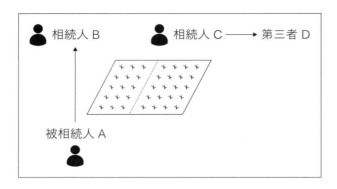

① **遺言執行者がある場合**

相続人Cによる遺言の執行を妨げるべき行為を前提としているため、相続人Bと善意の第三者Dとは対抗関係に立ち、先に登記を具備した者が所有権を対抗できる。第三者Dが悪意の場合、相続人Bは登記なくして第三者Dに対抗できる。

② **遺言執行者がいない場合**

第三者Dの悪意善意にかかわらず相続人Bと第三者Dとは対抗関係に立ち、先に登記を具備した者が所有権を対抗できる。

　　　　　　　　＊　　　　　　　　　　　＊

なお、最高裁昭和62年4月23日判決は、旧民法第1013条での「遺言執行者がある場合」の解釈に関し、遺言執行者として指定された者が就任を承諾する前をも含むと判示しており、本条第2項、第3項創設によっても、同判示での解釈は維持されるものと考えられます。

(2) 善意の内容

既述のとおり、善意者保護規定によって治癒されるのが相続人の処分権

限であることから、善意の内容も、相続人の処分権限を左右することとなる遺言執行者がいることを知らないことを意味することとなります。なお、第三者に遺言の内容に関する調査義務を負わせるのは相当でないとの理由から、善意であれば足り、無過失は要求しないとされています。

（3） 相続債権者と債権者

　現行法の下では、限定承認や財産分離のように、債務と責任との分離を認める場面では、相続債権者と相続人の債権者とを区別して取り扱うことが制度上必要不可欠であるため、そのような取扱いがされているものの、それ以外の場面では、相続債権者と相続人の債権者とを同列に取り扱っています。本条第3項の適用に関し、そのような事情もないのに両者を区別して取り扱うことに合理性がないこと、両者を区別して取り扱うことで法律関係が複雑化するとの理由により、本条第3項では相続債権者と相続人の債権者は同列に取り扱われています。

【参考】相続人に対する特定遺贈と遺産分割方法の指定との近接性

（以下、法制審議会民法（相続関係）部会第20回資料より引用）

「従前は、遺産分割方法の指定と相続人に対する遺贈については、登録免許税の点で違いがあったものの、所得税法等の改正（平成15年法律第8号及び平成18年法律第10号）により、「相続」による所有権移転登記の税率と「相続人に対する遺贈」による税率とが同じものとなった。また、農地の権利移転に対する都道府県知事の許可の要否についても、従前は、遺産分割方法の指定のみが都道府県知事の許可が不要とされていたところ、農地法施行規則の一部を改正する省令（平成24年12月14日農林水産省令第60号）により、特定遺贈のうち、相続人に対するものについても、許可が不要とされることになった。また、判例上も、特定遺贈においては、遺言者の死亡以前に、受遺者が死亡したときは、その効力を生じない（民法第994条第1項）とされているところ、遺産分割方法の指定においても、

当該遺言により遺産を相続させるものとされた推定相続人が遺言者の死亡以前に死亡した場合には、その遺言者が、当該推定相続人の代襲者その他の者に遺産を相続させる旨の意思を有していたとみるべき特段の事情のない限り、その効力を生ずることはないとされている（最判平成23年２月22日 民集65巻２号699頁）。」

第**6**章

相続人以外の者の貢献
を考慮するための方策

寄与分の検討

1 趣 旨

これまで、寄与分は相続人にのみ認められていたため、例えば、相続人の妻が被相続人（夫の父）の療養看護に努め、被相続人の財産の維持または増加に寄与した場合であっても、遺産分割手続において寄与分を主張したり、あるいは何らかの財産の分配を請求したりすることはできませんでした[27]。

[27] 夫の寄与分の中で妻の寄与を考慮することを認める裁判例も存在しますが（東京家審平成12年3月8日等）、このような取扱いに対しては、寄与行為をした妻ではなく夫に寄与分を認める法的根拠が明らかでないといった指摘がなされています。また、推定相続人である夫が被相続人よりも先に死亡した場合には、このような判例の考え方によっても、妻の寄与行為を考慮することができないことになります。

さらに、被相続人の生前には親族としての愛情や義務感に基づき無償で自発的に療養看護等の寄与行為をしていた場合でも、被相続人が死亡した場合にその相続の場面で、療養看護等を全く行わなかった相続人が遺産の分配を受ける一方で、実際に療養看護等に努めた者が相続人でないという理由でその分配に与れないことについては、不公平感を覚える者が多いとの指摘がなされています。

そこで、このような不公平を是正するため、相続人以外の者が被相続人

の療養看護その他の労務を提供するなどの貢献をした場合に、一定の財産を取得させるための方策として本条が創設されました。

2 特別の寄与

第1050条

1　被相続人に対して無償で療養看護その他の労務の提供をしたことにより被相続人の財産の維持又は増加について特別の寄与をした被相続人の親族（相続人、相続の放棄をした者及び第891条の規定に該当し又は廃除によってその相続権を失った者を除く。以下この条において「特別寄与者」という。）は、相続の開始後、相続人に対し、特別寄与者の寄与に応じた額の金銭（以下この条において「特別寄与料」という。）の支払を請求することができる。

2　前項の規定による特別寄与料の支払について、当事者間に協議が調わないとき、又は協議をすることができないときは、特別寄与者は、家庭裁判所に対して協議に代わる処分を請求することができる。ただし、特別寄与者が相続の開始及び相続人を知った時から6箇月を経過したとき、又は相続開始の時から1年を経過したときは、この限りでない。

3　前項本文の場合には、家庭裁判所は、寄与の時期、方法及び程度、相続財産の額その他一切の事情を考慮して、特別寄与料の額を定める。

4　特別寄与料の額は、被相続人が相続開始の時において有した財産の価額から遺贈の価額を控除した残額を超えることができない。

5　相続人が数人ある場合には、各相続人は、特別寄与料の額に第900条から第902条までの規定により算定した当該相続人の相続分を乗じた額を負担する。

（1） 特別寄与者となり得る者

　被相続人の親族（6親等内の血族、配偶者、及び3親等内の姻族（民725））のうち、被相続人の相続人でない者が特別寄与者となり得ます。相続放棄した者、欠格事由該当、廃除によって相続権を失った者については相続開始時に遡って相続人ではなくなりますが、その場合であっても本条に基づく請求はできません。

　相続人において特別の寄与をした者があるときは、従前どおり、民法第904条の2に基づいて寄与分が定められることとなります。

（2） 民法第904条の2での寄与分を定める手続との違い

　相続人に認められる寄与分（民904の2）では、遺産分割調停・審判手続と寄与分を定める調停・審判手続が併合された上で、最終的に各相続人の遺産取得額が調整されることでその清算を行うものですが、本条では相続人以外の者が請求権者となるため、仮に同じように清算するとすれば、例えば、相続人間では遺産分割に争いがない場合でも、相続人でない者の寄与の有無及び程度について争いがあるため全体として紛争が複雑化、長期化してしまうおそれがあります。

　そこで、本条では、遺産取得額の調整ではなく、寄与に応じた額の金銭（特別寄与料）を相続人が支払うことで解決する手段を設けています。

　すなわち、被相続人に対して無償で療養看護その他の労務の提供をしたことにより被相続人の財産の維持または増加について特別の寄与をした被相続人の親族（特別寄与者）は、特別寄与料の支払いを相続人に対して請求することができ（本条第1項）、当事者間での協議がまとまらない場合には、家庭裁判所に対して協議に代わる処分を求めることができるとしています（本条第2項）。

（3） 特別寄与料の額

　特別寄与料の額は、被相続人が相続開始時に有した財産の価額から遺贈

の価額を控除した残額の範囲内においてのみ認められ（本条第4項）、特別寄与者が複数いるような場合も、複数の特別寄与者の特別寄与料の価額を合算し、この範囲でのみ認められるものです。

他方、相続人が複数存在する場合には、各自の法定相続分（遺言で相続分の指定がなされている場合にはその割合にて）に応じて特別寄与料を負担することとなります（本条第5項）。

なお、本条第3項では、家庭裁判所が特別寄与料の額を定めるに当たり、寄与の時期、方法及び程度、相続財産の額その他一切の事情を考慮することとしていますので、遺贈がなされていない場合であっても、例えば、相続財産に関し消極財産が積極財産を上回るような場合には、特別寄与料が認められないこともあり得ます。

（4）　権利行使期間

特別寄与者が家庭裁判所に対し協議に代わる処分を求めるに当たっては、特別寄与者が相続の開始及び相続人を知った時から6か月以内、かつ相続開始時から1年以内に行わなければなりません（本条第2項ただし書)[28]。相続の開始のみならず相続人をも知った時を6か月の除斥期間の起算点としているのは、例えば特別寄与者がある相続人に対して特別寄与料の請求をしていたものの、特別寄与者の知らない間にその相続人が相続放棄をしたような場合に、期間の徒過を理由に、他の相続人に対する支払請求が否定されてしまうような事態を可及的に防ぐためです。

> [28]　法制審議会での第24回資料によると、「財産分与に関する規定と同様に、いずれの権利行使期間についても除斥期間に改めることとしている。」とあります。

（5）　特別の寄与

相続人に認められる寄与分においても、「特別の寄与」が必要とされていますが（民904の2）、そこでの特別の寄与は、一般的に、寄与の程度が

被相続人と相続人の身分関係に基づいて通常期待される程度の貢献を超える高度なものであることを意味すると解されています。

他方、本条での特別寄与者は相続人ではないため、ここでの「特別の」という文言は、通常の寄与との対比の観点から設けられた要件ではなく、貢献の程度が一定程度を超えることを要求する趣旨のものと理解されます。すなわち、身分関係に応じた相対的な基準ではなく、絶対的な基準での一定の貢献をしたものといえるかが問題になると考えられます。

なお、特別の寄与を行ったことで被相続人の財産が維持され、または増加したことが必要であることは相続人に認められる寄与分（民904の2）と同様です。

また、ここでの「療養看護その他の労務の提供」については、労務の提供の例示として療養看護が挙げられているもので、被相続人に対する労務の提供があれば寄与行為の対象になります。そのため、労務の提供を伴わない介護費の支給の場合は、金銭上の給付となるため、「療養看護その他の労務の提供」には含まれません。

（6）　無償要件

被相続人の個人事業に係る労務の提供も「療養看護その他の労務の提供」に含まれますが、その場合、通常は対価を得ていると認められることが多いため、「無償」との要件を満たすことは少ないと考えられます。また、被相続人の意思を受けて被相続人以外の者が特別寄与者に対する金銭の支払いをしたような場合にも、「無償」との要件を満たさない場合が多いと考えられます。

（7）　管　轄

特別の寄与に関し、家庭裁判所に対して協議に代わる処分を請求する調停の申立てを行う場合の管轄は、相手方の住所地を管轄する家庭裁判所または当事者が合意で定めた家庭裁判所となります（家事事件手続法245）。

また、審判の申立てを行う場合の管轄は、相続開始地（被相続人の最後の住所地）を管轄する家庭裁判所または当事者が合意で定めた家庭裁判所となります（家事事件手続法216の２・66）

　なお、相続人に認められる寄与分を定める調停・審判の申立て（民904の２）を行うに当たり、すでに遺産分割調停・審判が係属している場合には、その遺産分割調停・審判が係属している裁判所が管轄となり、手続が併合されますが（家事事件手続法245③・191②・192）、本条に基づく調停・審判の場合にはこのような規律はありません。ただし、併合審理の必要性がある場合には遺産分割調停・審判が係属している裁判所に移送されることはあり得ます。

（8）　保全処分

　家庭裁判所は、特別の寄与に関する処分についての審判または調停の申立てがあった場合において、強制執行を保全し、または申立人の急迫の危険を防止するため必要があるときは、当該申立てをした者の申立てにより、特別の寄与に関する処分の審判を本案とする仮差押え、仮処分その他の必要な保全処分を命ずることができます。

　他の家事事件の保全処分と同様に、特別の寄与に関する処分についての調停または審判事件が家庭裁判所に係属していることを要します（本案係属要件）。

資　料　編

- 「民法及び家事事件手続法の一部を改正する法律」に基づく民法第5編
- 民法及び家事事件手続法の一部を改正する法律附則（一部抜粋）
- 「民法及び家事事件手続法の一部を改正する法律」に基づく家事事件手続法（一部抜粋）
- 法務局における遺言書の保管等に関する法律

「民法及び家事事件手続法の一部を改正する法律」に基づく民法第5編

（以下、**太字**箇所が改正箇所）

第五編　相続

第一章　総則

（相続開始の原因）

第882条　相続は、死亡によって開始する。

（相続開始の場所）

第883条　相続は、被相続人の住所において開始する。

（相続回復請求権）

第884条　相続回復の請求権は、相続人又はその法定代理人が相続権を侵害され
　　た事実を知った時から5年間行使しないときは、時効によって消滅する。相
　　続開始の時から20年を経過したときも、同様とする。

（相続財産に関する費用）

第885条　相続財産に関する費用は、その財産の中から支弁する。ただし、相続
　　人の過失によるものは、この限りでない。

2　削除

第二章　相続人

（相続に関する胎児の権利能力）

第886条　胎児は、相続については、既に生まれたものとみなす。

2　前項の規定は、胎児が死体で生まれたときは、適用しない。

（子及びその代襲者等の相続権）

第887条　被相続人の子は、相続人となる。

2　被相続人の子が、相続の開始以前に死亡したとき、又は第891条の規定に該
　　当し、若しくは廃除によって、その相続権を失ったときは、その者の子がこれ
　　を代襲して相続人となる。ただし、被相続人の直系卑属でない者は、この限り
　　でない。

3　前項の規定は、代襲者が、相続の開始以前に死亡し、又は第891条の規定に

該当し、若しくは廃除によって、その代襲相続権を失った場合について準用する。

第888条　削除

（直系尊属及び兄弟姉妹の相続権）

第889条　次に掲げる者は、第887条の規定により相続人となるべき者がない場合には、次に掲げる順序の順位に従って相続人となる。

一　被相続人の直系尊属。ただし、親等の異なる者の間では、その近い者を先にする。

二　被相続人の兄弟姉妹

2　第887条第2項の規定は、前項第二号の場合について準用する。

（配偶者の相続権）

第890条　被相続人の配偶者は、常に相続人となる。この場合において、第887条又は前条の規定により相続人となるべき者があるときは、その者と同順位とする。

（相続人の欠格事由）

第891条　次に掲げる者は、相続人となることができない。

一　故意に被相続人又は相続について先順位若しくは同順位にある者を死亡するに至らせ、又は至らせようとしたために、刑に処せられた者

二　被相続人の殺害されたことを知って、これを告発せず、又は告訴しなかった者。ただし、その者に是非の弁別がないとき、又は殺害者が自己の配偶者若しくは直系血族であったときは、この限りでない。

三　詐欺又は強迫によって、被相続人が相続に関する遺言をし、撤回し、取り消し、又は変更することを妨げた者

四　詐欺又は強迫によって、被相続人に相続に関する遺言をさせ、撤回させ、取り消させ、又は変更させた者

五　相続に関する被相続人の遺言書を偽造し、変造し、破棄し、又は隠匿した者

（推定相続人の廃除）

第892条　遺留分を有する推定相続人（相続が開始した場合に相続人となるべき者をいう。以下同じ。）が、被相続人に対して虐待をし、若しくはこれに重大な侮辱を加えたとき、又は推定相続人にその他の著しい非行があったときは、被相続人は、その推定相続人の廃除を家庭裁判所に請求することができる。

（遺言による推定相続人の廃除）

第893条　被相続人が遺言で推定相続人を廃除する意思を表示したときは、遺言執行者は、その遺言が効力を生じた後、遅滞なく、その推定相続人の廃除を家庭裁判所に請求しなければならない。この場合において、その推定相続人の廃除は、被相続人の死亡の時にさかのぼってその効力を生ずる。

（推定相続人の廃除の取消し）

第894条　被相続人は、いつでも、推定相続人の廃除の取消しを家庭裁判所に請求することができる。

2　前条の規定は、推定相続人の廃除の取消しについて準用する。

（推定相続人の廃除に関する審判確定前の遺産の管理）

第895条　推定相続人の廃除又はその取消しの請求があった後その審判が確定する前に相続が開始したときは、家庭裁判所は、親族、利害関係人又は検察官の請求によって、遺産の管理について必要な処分を命ずることができる。推定相続人の廃除の遺言があったときも、同様とする。

2　第27条から第29条までの規定は、前項の規定により家庭裁判所が遺産の管理人を選任した場合について準用する。

第三章　相続の効力

第一節　総則

（相続の一般的効力）

第896条　相続人は、相続開始の時から、被相続人の財産に属した一切の権利義務を承継する。ただし、被相続人の一身に専属したものは、この限りでない。

（祭祀に関する権利の承継）

第897条　系譜、祭具及び墳墓の所有権は、前条の規定にかかわらず、慣習に従っ

139

て祖先の祭祀を主宰すべき者が承継する。ただし、被相続人の指定に従って祖先の祭祀を主宰すべき者があるときは、その者が承継する。

2　前項本文の場合において慣習が明らかでないときは、同項の権利を承継すべき者は、家庭裁判所が定める。

（共同相続の効力）

第898条　相続人が数人あるときは、相続財産は、その共有に属する。

第899条　各共同相続人は、その相続分に応じて被相続人の権利義務を承継する。

（共同相続における権利の承継の対抗要件）

第899条の2　相続による権利の承継は、遺産の分割によるものかどうかにかかわらず、次条及び第901条の規定により算定した相続分を超える部分については、登記、登録その他の対抗要件を備えなければ、第三者に対抗することができない。

2　前項の権利が債権である場合において、次条及び第901条の規定により算定した相続分を超えて当該債権を承継した共同相続人が当該債権に係る遺言の内容（遺産の分割により当該債権を承継した場合にあっては、当該債権に係る遺産の分割の内容）を明らかにして債務者にその承継の通知をしたときは、共同相続人の全員が債務者に通知をしたものとみなして、同項の規定を適用する。

第二節　相続分

（法定相続分）

第900条　同順位の相続人が数人あるときは、その相続分は、次の各号の定めるところによる。

　一　子及び配偶者が相続人であるときは、子の相続分及び配偶者の相続分は、各2分の1とする。

　二　配偶者及び直系尊属が相続人であるときは、配偶者の相続分は、3分の2とし、直系尊属の相続分は、3分の1とする。

　三　配偶者及び兄弟姉妹が相続人であるときは、配偶者の相続分は、4分の3とし、兄弟姉妹の相続分は、4分の1とする。

　四　子、直系尊属又は兄弟姉妹が数人あるときは、各自の相続分は、相等しい

ものとする。ただし、父母の一方のみを同じくする兄弟姉妹の相続分は、父母の双方を同じくする兄弟姉妹の相続分の２分の１とする。

（代襲相続人の相続分）

第901条　第887条第２項又は第３項の規定により相続人となる直系卑属の相続分は、その直系尊属が受けるべきであったものと同じとする。ただし、直系卑属が数人あるときは、その各自の直系尊属が受けるべきであった部分について、前条の規定に従ってその相続分を定める。

２　前項の規定は、第889条第２項の規定により兄弟姉妹の子が相続人となる場合について準用する。

（遺言による相続分の指定）

第902条　被相続人は、前二条の規定にかかわらず、遺言で、共同相続人の相続分を定め、又はこれを定めることを第三者に委託することができる。（「**ただし、被相続人又は第三者は、遺留分に関する規定に違反することができない。**」→**削除**）

２　被相続人が、共同相続人中の１人若しくは数人の相続分のみを定め、又はこれを第三者に定めさせたときは、他の共同相続人の相続分は、前二条の規定により定める。

（**相続分の指定がある場合の債権者の権利の行使**）

第902条の２　被相続人が相続開始の時において有した債務の債権者は、前条の規定による相続分の指定がされた場合であっても、各共同相続人に対し、第900条及び第901条の規定により算定した相続分に応じてその権利を行使することができる。ただし、その債権者が共同相続人の１人に対してその指定された相続分に応じた債務の承継を承認したときは、この限りでない。

（特別受益者の相続分）

第903条　共同相続人中に、被相続人から、遺贈を受け、又は婚姻若しくは養子縁組のため若しくは生計の資本として贈与を受けた者があるときは、被相続人が相続開始の時において有した財産の価額にその贈与の価額を加えたものを相続財産とみなし、**第900条から第902条までの規定により算定した相続分の中**

からその遺贈又は贈与の価額を控除した残額をもってその者の相続分とする。

2　遺贈又は贈与の価額が、相続分の価額に等しく、又はこれを超えるときは、受遺者又は受贈者は、その相続分を受けることができない。

3　被相続人が前二項の規定と異なった意思を表示したときは、**その意思に従う。（「その意思表示は、遺留分に関する規定に違反しない範囲内で、その効力を有する。」→削除）**

4　**婚姻期間が20年以上の夫婦の一方である被相続人が、他の一方に対し、その居住の用に供する建物又はその敷地について遺贈又は贈与をしたときは、当該被相続人は、その遺贈又は贈与について第1項の規定を適用しない旨の意思を表示したものと推定する。**

第904条　前条に規定する贈与の価額は、受贈者の行為によって、その目的である財産が滅失し、又はその価格の増減があったときであっても、相続開始の時においてなお原状のままであるものとみなしてこれを定める。

（寄与分）

第904条の2　共同相続人中に、被相続人の事業に関する労務の提供又は財産上の給付、被相続人の療養看護その他の方法により被相続人の財産の維持又は増加について特別の寄与をした者があるときは、被相続人が相続開始の時において有した財産の価額から共同相続人の協議で定めたその者の寄与分を控除したものを相続財産とみなし、第900条から第902条までの規定により算定した相続分に寄与分を加えた額をもってその者の相続分とする。

2　前項の協議が調わないとき、又は協議をすることができないときは、家庭裁判所は、同項に規定する寄与をした者の請求により、寄与の時期、方法及び程度、相続財産の額その他一切の事情を考慮して、寄与分を定める。

3　寄与分は、被相続人が相続開始の時において有した財産の価額から遺贈の価額を控除した残額を超えることができない。

4　第2項の請求は、第907条第2項の規定による請求があった場合又は第910条に規定する場合にすることができる。

（相続分の取戻権）

第905条　共同相続人の一人が遺産の分割前にその相続分を第三者に譲り渡した
　　ときは、他の共同相続人は、その価額及び費用を償還して、その相続分を譲り
　　受けることができる。

2　前項の権利は、1箇月以内に行使しなければならない。

第三節　遺産の分割

（遺産の分割の基準）

第906条　遺産の分割は、遺産に属する物又は権利の種類及び性質、各相続人の
　　年齢、職業、心身の状態及び生活の状況その他一切の事情を考慮してこれをす
　　る。

（遺産の分割前に遺産に属する財産が処分された場合の遺産の範囲）

第906条の2　遺産の分割前に遺産に属する財産が処分された場合であっても、
　　共同相続人は、その全員の同意により、当該処分された財産が遺産の分割時に
　　遺産として存在するものとみなすことができる。

2　前項の規定にかかわらず、共同相続人の1人又は数人により同項の財産が
　　処分されたときは、当該共同相続人については、同項の同意を得ることを要し
　　ない。

（遺産の分割の協議又は審判等）

第907条　共同相続人は、次条の規定により被相続人が遺言で禁じた場合を除き、
　　いつでも、その協議で、遺産の**全部又は一部**の分割をすることができる。

2　遺産の分割について、共同相続人間に協議が調わないとき、又は協議をす
　　ることができないときは、各共同相続人は、その**全部又は一部の分割**を家庭裁
　　判所に請求することができる。**ただし、遺産の一部を分割することにより他の**
　　共同相続人の利益を害するおそれがある場合におけるその一部の分割について
　　は、この限りでない。

3　前項**本文**の場合において特別の事由があるときは、家庭裁判所は、期間を
　　定めて、遺産の全部又は一部について、その分割を禁ずることができる。

143

（遺産の分割の方法の指定及び遺産の分割の禁止）

第908条　被相続人は、遺言で、遺産の分割の方法を定め、若しくはこれを定めることを第三者に委託し、又は相続開始の時から5年を超えない期間を定めて、遺産の分割を禁ずることができる。

（遺産の分割の効力）

第909条　遺産の分割は、相続開始の時にさかのぼってその効力を生ずる。ただし、第三者の権利を害することはできない。

（遺産の分割前における預貯金債権の行使）

第909条の2　各共同相続人は、遺産に属する預貯金債権のうち相続開始の時の債権額の3分の1に第900条及び第901条の規定により算定した当該共同相続人の相続分を乗じた額（標準的な当面の必要生計費、平均的な葬式の費用の額その他の事情を勘案して預貯金債権の債務者ごとに法務省令で定める額を限度とする。）については、単独でその権利を行使することができる。この場合において、当該権利の行使をした預貯金債権については、当該共同相続人が遺産の一部の分割によりこれを取得したものとみなす。

（相続の開始後に認知された者の価額の支払請求権）

第910条　相続の開始後認知によって相続人となった者が遺産の分割を請求しようとする場合において、他の共同相続人が既にその分割その他の処分をしたときは、価額のみによる支払の請求権を有する。

（共同相続人間の担保責任）

第911条　各共同相続人は、他の共同相続人に対して、売主と同じく、その相続分に応じて担保の責任を負う。

（遺産の分割によって受けた債権についての担保責任）

第912条　各共同相続人は、その相続分に応じ、他の共同相続人が遺産の分割によって受けた債権について、その分割の時における債務者の資力を担保する。

2　弁済期に至らない債権及び停止条件付きの債権については、各共同相続人は、弁済をすべき時における債務者の資力を担保する。

（資力のない共同相続人がある場合の担保責任の分担）

第913条　担保の責任を負う共同相続人中に償還をする資力のない者があるときは、その償還することができない部分は、求償者及び他の資力のある者が、それぞれその相続分に応じて分担する。ただし、求償者に過失があるときは、他の共同相続人に対して分担を請求することができない。

（遺言による担保責任の定め）

第914条　前三条の規定は、被相続人が遺言で別段の意思を表示したときは、適用しない。

第四章　相続の承認及び放棄

第一節　総則

（相続の承認又は放棄をすべき期間）

第915条　相続人は、自己のために相続の開始があったことを知った時から3箇月以内に、相続について、単純若しくは限定の承認又は放棄をしなければならない。ただし、この期間は、利害関係人又は検察官の請求によって、家庭裁判所において伸長することができる。

2　相続人は、相続の承認又は放棄をする前に、相続財産の調査をすることができる。

第916条　相続人が相続の承認又は放棄をしないで死亡したときは、前条第1項の期間は、その者の相続人が自己のために相続の開始があったことを知った時から起算する。

第917条　相続人が未成年者又は成年被後見人であるときは、第915条第1項の期間は、その法定代理人が未成年者又は成年被後見人のために相続の開始があったことを知った時から起算する。

（相続財産の管理）

第918条　相続人は、その固有財産におけるのと同一の注意をもって、相続財産を管理しなければならない。ただし、相続の承認又は放棄をしたときは、この限りでない。

2　家庭裁判所は、利害関係人又は検察官の請求によって、いつでも、相続財

産の保存に必要な処分を命ずることができる。

3　第27条から第29条までの規定は、前項の規定により家庭裁判所が相続財産の管理人を選任した場合について準用する。

（相続の承認及び放棄の撤回及び取消し）

第919条　相続の承認及び放棄は、第915条第1項の期間内でも、撤回することができない。

2　前項の規定は、第一編（総則）及び前編（親族）の規定により相続の承認又は放棄の取消しをすることを妨げない。

3　前項の取消権は、追認をすることができる時から6箇月間行使しないときは、時効によって消滅する。相続の承認又は放棄の時から10年を経過したときも、同様とする。

4　第2項の規定により限定承認又は相続の放棄の取消しをしようとする者は、その旨を家庭裁判所に申述しなければならない。

第二節　相続の承認

第一款　単純承認

（単純承認の効力）

第920条　相続人は、単純承認をしたときは、無限に被相続人の権利義務を承継する。

（法定単純承認）

第921条　次に掲げる場合には、相続人は、単純承認をしたものとみなす。

　一　相続人が相続財産の全部又は一部を処分したとき。ただし、保存行為及び第602条に定める期間を超えない賃貸をすることは、この限りでない。

　二　相続人が第915条第1項の期間内に限定承認又は相続の放棄をしなかったとき。

　三　相続人が、限定承認又は相続の放棄をした後であっても、相続財産の全部若しくは一部を隠匿し、私にこれを消費し、又は悪意でこれを相続財産の目録中に記載しなかったとき。ただし、その相続人が相続の放棄をしたことによって相続人となった者が相続の承認をした後は、この限りでない。

第二款　限定承認

（限定承認）

第922条　相続人は、相続によって得た財産の限度においてのみ被相続人の債務及び遺贈を弁済すべきことを留保して、相続の承認をすることができる。

（共同相続人の限定承認）

第923条　相続人が数人あるときは、限定承認は、共同相続人の全員が共同してのみこれをすることができる。

（限定承認の方式）

第924条　相続人は、限定承認をしようとするときは、第915条第1項の期間内に、相続財産の目録を作成して家庭裁判所に提出し、限定承認をする旨を申述しなければならない。

（限定承認をしたときの権利義務）

第925条　相続人が限定承認をしたときは、その被相続人に対して有した権利義務は、消滅しなかったものとみなす。

（限定承認者による管理）

第926条　限定承認者は、その固有財産におけるのと同一の注意をもって、相続財産の管理を継続しなければならない。

2　第645条、第646条、第650条第1項及び第2項並びに第918条第2項及び第3項の規定は、前項の場合について準用する。

（相続債権者及び受遺者に対する公告及び催告）

第927条　限定承認者は、限定承認をした後5日以内に、すべての相続債権者（相続財産に属する債務の債権者をいう。以下同じ。）及び受遺者に対し、限定承認をしたこと及び一定の期間内にその請求の申出をすべき旨を公告しなければならない。この場合において、その期間は、2箇月を下ることができない。

2　前項の規定による公告には、相続債権者及び受遺者がその期間内に申出をしないときは弁済から除斥されるべき旨を付記しなければならない。ただし、限定承認者は、知れている相続債権者及び受遺者を除斥することができない。

3　限定承認者は、知れている相続債権者及び受遺者には、各別にその申出の

催告をしなければならない。

4　第1項の規定による公告は、官報に掲載してする。

（公告期間満了前の弁済の拒絶）

第928条　限定承認者は、前条第1項の期間の満了前には、相続債権者及び受遺者に対して弁済を拒むことができる。

（公告期間満了後の弁済）

第929条　第927条第1項の期間が満了した後は、限定承認者は、相続財産をもって、その期間内に同項の申出をした相続債権者その他知れている相続債権者に、それぞれその債権額の割合に応じて弁済をしなければならない。ただし、優先権を有する債権者の権利を害することはできない。

（期限前の債務等の弁済）

第930条　限定承認者は、弁済期に至らない債権であっても、前条の規定に従って弁済をしなければならない。

2　条件付きの債権又は存続期間の不確定な債権は、家庭裁判所が選任した鑑定人の評価に従って弁済をしなければならない。

（受遺者に対する弁済）

第931条　限定承認者は、前二条の規定に従って各相続債権者に弁済をした後でなければ、受遺者に弁済をすることができない。

（弁済のための相続財産の換価）

第932条　前三条の規定に従って弁済をするにつき相続財産を売却する必要があるときは、限定承認者は、これを競売に付さなければならない。ただし、家庭裁判所が選任した鑑定人の評価に従い相続財産の全部又は一部の価額を弁済して、その競売を止めることができる。

（相続債権者及び受遺者の換価手続への参加）

第933条　相続債権者及び受遺者は、自己の費用で、相続財産の競売又は鑑定に参加することができる。この場合においては、第260条第2項の規定を準用する。

（不当な弁済をした限定承認者の責任等）

第934条　限定承認者は、第927条の公告若しくは催告をすることを怠り、又は

同条第1項の期間内に相続債権者若しくは受遺者に弁済をしたことによって他の相続債権者若しくは受遺者に弁済をすることができなくなったときは、これによって生じた損害を賠償する責任を負う。第929条から第931条までの規定に違反して弁済をしたときも、同様とする。

2　前項の規定は、情を知って不当に弁済を受けた相続債権者又は受遺者に対する他の相続債権者又は受遺者の求償を妨げない。

3　第724条の規定は、前二項の場合について準用する。

（公告期間内に申出をしなかった相続債権者及び受遺者）

第935条　第927条第1項の期間内に同項の申出をしなかった相続債権者及び受遺者で限定承認者に知れなかったものは、残余財産についてのみその権利を行使することができる。ただし、相続財産について特別担保を有する者は、この限りでない。

（相続人が数人ある場合の相続財産の管理人）

第936条　相続人が数人ある場合には、家庭裁判所は、相続人の中から、相続財産の管理人を選任しなければならない。

2　前項の相続財産の管理人は、相続人のために、これに代わって、相続財産の管理及び債務の弁済に必要な一切の行為をする。

3　第926条から前条までの規定は、第1項の相続財産の管理人について準用する。この場合において、第927条第1項中「限定承認をした後5日以内」とあるのは、「その相続財産の管理人の選任があった後10日以内」と読み替えるものとする。

（法定単純承認の事由がある場合の相続債権者）

第937条　限定承認をした共同相続人の1人又は数人について第921条第一号又は第三号に掲げる事由があるときは、相続債権者は、相続財産をもって弁済を受けることができなかった債権額について、当該共同相続人に対し、その相続分に応じて権利を行使することができる。

第三節　相続の放棄

（相続の放棄の方式）

第938条　相続の放棄をしようとする者は、その旨を家庭裁判所に申述しなければならない。

（相続の放棄の効力）

第939条　相続の放棄をした者は、その相続に関しては、初めから相続人とならなかったものとみなす。

（相続の放棄をした者による管理）

第940条　相続の放棄をした者は、その放棄によって相続人となった者が相続財産の管理を始めることができるまで、自己の財産におけるのと同一の注意をもって、その財産の管理を継続しなければならない。

2　第645条、第646条、第650条第1項及び第2項並びに第918条第2項及び第3項の規定は、前項の場合について準用する。

第五章　財産分離

（相続債権者又は受遺者の請求による財産分離）

第941条　相続債権者又は受遺者は、相続開始の時から3箇月以内に、相続人の財産の中から相続財産を分離することを家庭裁判所に請求することができる。相続財産が相続人の固有財産と混合しない間は、その期間の満了後も、同様とする。

2　家庭裁判所が前項の請求によって財産分離を命じたときは、その請求をした者は、5日以内に、他の相続債権者及び受遺者に対し、財産分離の命令があったこと及び一定の期間内に配当加入の申出をすべき旨を公告しなければならない。この場合において、その期間は、2箇月を下ることができない。

3　前項の規定による公告は、官報に掲載してする。

（財産分離の効力）

第942条　財産分離の請求をした者及び前条第2項の規定により配当加入の申出をした者は、相続財産について、相続人の債権者に先立って弁済を受ける。

（財産分離の請求後の相続財産の管理）

第943条　財産分離の請求があったときは、家庭裁判所は、相続財産の管理について必要な処分を命ずることができる。

2　第27条から第29条までの規定は、前項の規定により家庭裁判所が相続財産の管理人を選任した場合について準用する。

（財産分離の請求後の相続人による管理）

第944条　相続人は、単純承認をした後でも、財産分離の請求があったときは、以後、その固有財産におけるのと同一の注意をもって、相続財産の管理をしなければならない。ただし、家庭裁判所が相続財産の管理人を選任したときは、この限りでない。

2　第645条から第647条まで並びに第650条第1項及び第2項の規定は、前項の場合について準用する。

（不動産についての財産分離の対抗要件）

第945条　財産分離は、不動産については、その登記をしなければ、第三者に対抗することができない。

（物上代位の規定の準用）

第946条　第304条の規定は、財産分離の場合について準用する。

（相続債権者及び受遺者に対する弁済）

第947条　相続人は、第941条第1項及び第2項の期間の満了前には、相続債権者及び受遺者に対して弁済を拒むことができる。

2　財産分離の請求があったときは、相続人は、第941条第2項の期間の満了後に、相続財産をもって、財産分離の請求又は配当加入の申出をした相続債権者及び受遺者に、それぞれその債権額の割合に応じて弁済をしなければならない。ただし、優先権を有する債権者の権利を害することはできない。

3　第930条から第934条までの規定は、前項の場合について準用する。

（相続人の固有財産からの弁済）

第948条　財産分離の請求をした者及び配当加入の申出をした者は、相続財産をもって全部の弁済を受けることができなかった場合に限り、相続人の固有財産

についてその権利を行使することができる。この場合においては、相続人の債権者は、その者に先立って弁済を受けることができる。

（財産分離の請求の防止等）

第949条　相続人は、その固有財産をもって相続債権者若しくは受遺者に弁済をし、又はこれに相当の担保を供して、財産分離の請求を防止し、又はその効力を消滅させることができる。ただし、相続人の債権者が、これによって損害を受けるべきことを証明して、異議を述べたときは、この限りでない。

（相続人の債権者の請求による財産分離）

第950条　相続人が限定承認をすることができる間又は相続財産が相続人の固有財産と混合しない間は、相続人の債権者は、家庭裁判所に対して財産分離の請求をすることができる。

2　第304条、第925条、第927条から第934条まで、第943条から第945条まで及び第948条の規定は、前項の場合について準用する。ただし、第927条の公告及び催告は、財産分離の請求をした債権者がしなければならない。

第六章　相続人の不存在

（相続財産法人の成立）

第951条　相続人のあることが明らかでないときは、相続財産は、法人とする。

（相続財産の管理人の選任）

第952条　前条の場合には、家庭裁判所は、利害関係人又は検察官の請求によって、相続財産の管理人を選任しなければならない。

2　前項の規定により相続財産の管理人を選任したときは、家庭裁判所は、遅滞なくこれを公告しなければならない。

（不在者の財産の管理人に関する規定の準用）

第953条　第27条から第29条までの規定は、前条第1項の相続財産の管理人（以下この章において単に「相続財産の管理人」という。）について準用する。

（相続財産の管理人の報告）

第954条　相続財産の管理人は、相続債権者又は受遺者の請求があるときは、その請求をした者に相続財産の状況を報告しなければならない。

（相続財産法人の不成立）

第955条　相続人のあることが明らかになったときは、第951条の法人は、成立しなかったものとみなす。ただし、相続財産の管理人がその権限内でした行為の効力を妨げない。

（相続財産の管理人の代理権の消滅）

第956条　相続財産の管理人の代理権は、相続人が相続の承認をした時に消滅する。

2　前項の場合には、相続財産の管理人は、遅滞なく相続人に対して管理の計算をしなければならない。

（相続債権者及び受遺者に対する弁済）

第957条　第952条第2項の公告があった後2箇月以内に相続人のあることが明らかにならなかったときは、相続財産の管理人は、遅滞なく、すべての相続債権者及び受遺者に対し、一定の期間内にその請求の申出をすべき旨を公告しなければならない。この場合において、その期間は、2箇月を下ることができない。

2　第927条第2項から第4項まで及び第928条から第935条まで（第932条ただし書を除く。）の規定は、前項の場合について準用する。

（相続人の捜索の公告）

第958条　前条第1項の期間の満了後、なお相続人のあることが明らかでないときは、家庭裁判所は、相続財産の管理人又は検察官の請求によって、相続人があるならば一定の期間内にその権利を主張すべき旨を公告しなければならない。この場合において、その期間は、6箇月を下ることができない。

（権利を主張する者がない場合）

第958条の2　前条の期間内に相続人としての権利を主張する者がないときは、相続人並びに相続財産の管理人に知れなかった相続債権者及び受遺者は、その権利を行使することができない。

（特別縁故者に対する相続財産の分与）

第958条の3　前条の場合において、相当と認めるときは、家庭裁判所は、被相

続人と生計を同じくしていた者、被相続人の療養看護に努めた者その他被相続人と特別の縁故があった者の請求によって、これらの者に、清算後残存すべき相続財産の全部又は一部を与えることができる。

2　前項の請求は、第958条の期間の満了後3箇月以内にしなければならない。

（残余財産の国庫への帰属）

第959条　前条の規定により処分されなかった相続財産は、国庫に帰属する。この場合においては、第956条第2項の規定を準用する。

第七章　遺言

第一節　総則

（遺言の方式）

第960条　遺言は、この法律に定める方式に従わなければ、することができない。

（遺言能力）

第961条　15歳に達した者は、遺言をすることができる。

第962条　第5条、第9条、第13条及び第17条の規定は、遺言については、適用しない。

第963条　遺言者は、遺言をする時においてその能力を有しなければならない。

（包括遺贈及び特定遺贈）

第964条　遺言者は、包括又は特定の名義で、その財産の全部又は一部を処分することができる。（**「ただし、遺留分に関する規定に違反することができない。」→削除**）

（相続人に関する規定の準用）

第965条　第886条及び第891条の規定は、受遺者について準用する。

（被後見人の遺言の制限）

第966条　被後見人が、後見の計算の終了前に、後見人又はその配偶者若しくは直系卑属の利益となるべき遺言をしたときは、その遺言は、無効とする。

2　前項の規定は、直系血族、配偶者又は兄弟姉妹が後見人である場合には、適用しない。

第二節　遺言の方式

第一款　普通の方式

（普通の方式による遺言の種類）

第967条　遺言は、自筆証書、公正証書又は秘密証書によってしなければならない。ただし、特別の方式によることを許す場合は、この限りでない。

（自筆証書遺言）

第968条　自筆証書によって遺言をするには、遺言者が、その全文、日付及び氏名を自書し、これに印を押さなければならない。

2　前項の規定にかかわらず、自筆証書にこれと一体のものとして相続財産（第997条第1項に規定する場合における同項に規定する権利を含む。）の全部又は一部の目録を添付する場合には、その目録については、自書することを要しない。この場合において、遺言者は、その目録の毎葉（自書によらない記載がその両面にある場合にあっては、その両面）に署名し、印を押さなければならない。

3　自筆証書（**前項の目録を含む。**）中の加除その他の変更は、遺言者が、その場所を指示し、これを変更した旨を付記して特にこれに署名し、かつ、その変更の場所に印を押さなければ、その効力を生じない。

（公正証書遺言）

第969条　公正証書によって遺言をするには、次に掲げる方式に従わなければならない。

一　証人2人以上の立会いがあること。

二　遺言者が遺言の趣旨を公証人に口授すること。

三　公証人が、遺言者の口述を筆記し、これを遺言者及び証人に読み聞かせ、又は閲覧させること。

四　遺言者及び証人が、筆記の正確なことを承認した後、各自これに署名し、印を押すこと。ただし、遺言者が署名することができない場合は、公証人がその事由を付記して、署名に代えることができる。

五　公証人が、その証書は前各号に掲げる方式に従って作ったものである旨を

付記して、これに署名し、印を押すこと。

（公正証書遺言の方式の特則）

第969条の2　口がきけない者が公正証書によって遺言をする場合には、遺言者は、公証人及び証人の前で、遺言の趣旨を通訳人の通訳により申述し、又は自書して、前条第二号の口授に代えなければならない。この場合における同条第三号の規定の適用については、同号中「口述」とあるのは、「通訳人の通訳による申述又は自書」とする。

2　前条の遺言者又は証人が耳が聞こえない者である場合には、公証人は、同条第三号に規定する筆記した内容を通訳人の通訳により遺言者又は証人に伝えて、同号の読み聞かせに代えることができる。

3　公証人は、前二項に定める方式に従って公正証書を作ったときは、その旨をその証書に付記しなければならない。

（秘密証書遺言）

第970条　秘密証書によって遺言をするには、次に掲げる方式に従わなければならない。

　一　遺言者が、その証書に署名し、印を押すこと。

　二　遺言者が、その証書を封じ、証書に用いた印章をもってこれに封印すること。

　三　遺言者が、公証人1人及び証人2人以上の前に封書を提出して、自己の遺言書である旨並びにその筆者の氏名及び住所を申述すること。

　四　公証人が、その証書を提出した日付及び遺言者の申述を封紙に記載した後、遺言者及び証人とともにこれに署名し、印を押すこと。

2　**第968条第3項**の規定は、秘密証書による遺言について準用する。

（方式に欠ける秘密証書遺言の効力）

第971条　秘密証書による遺言は、前条に定める方式に欠けるものがあっても、第968条に定める方式を具備しているときは、自筆証書による遺言としてその効力を有する。

（秘密証書遺言の方式の特則）

第972条　口がきけない者が秘密証書によって遺言をする場合には、遺言者は、公証人及び証人の前で、その証書は自己の遺言書である旨並びにその筆者の氏名及び住所を通訳人の通訳により申述し、又は封紙に自書して、第970条第1項第三号の申述に代えなければならない。

2　前項の場合において、遺言者が通訳人の通訳により申述したときは、公証人は、その旨を封紙に記載しなければならない。

3　第1項の場合において、遺言者が封紙に自書したときは、公証人は、その旨を封紙に記載して、第970条第1項第四号に規定する申述の記載に代えなければならない。

（成年被後見人の遺言）

第973条　成年被後見人が事理を弁識する能力を一時回復した時において遺言をするには、医師2人以上の立会いがなければならない。

2　遺言に立ち会った医師は、遺言者が遺言をする時において精神上の障害により事理を弁識する能力を欠く状態になかった旨を遺言書に付記して、これに署名し、印を押さなければならない。ただし、秘密証書による遺言にあっては、その封紙にその旨の記載をし、署名し、印を押さなければならない。

（証人及び立会人の欠格事由）

第974条　次に掲げる者は、遺言の証人又は立会人となることができない。

一　未成年者

二　推定相続人及び受遺者並びにこれらの配偶者及び直系血族

三　公証人の配偶者、四親等内の親族、書記及び使用人

（共同遺言の禁止）

第975条　遺言は、2人以上の者が同一の証書ですることができない。

第二款　特別の方式

（死亡の危急に迫った者の遺言）

第976条　疾病その他の事由によって死亡の危急に迫った者が遺言をしようとするときは、証人3人以上の立会いをもって、その1人に遺言の趣旨を口授して、

これをすることができる。この場合においては、その口授を受けた者が、これを筆記して、遺言者及び他の証人に読み聞かせ、又は閲覧させ、各証人がその筆記の正確なことを承認した後、これに署名し、印を押さなければならない。

2　口がきけない者が前項の規定により遺言をする場合には、遺言者は、証人の前で、遺言の趣旨を通訳人の通訳により申述して、同項の口授に代えなければならない。

3　第1項後段の遺言者又は他の証人が耳が聞こえない者である場合には、遺言の趣旨の口授又は申述を受けた者は、同項後段に規定する筆記した内容を通訳人の通訳によりその遺言者又は他の証人に伝えて、同項後段の読み聞かせに代えることができる。

4　前三項の規定によりした遺言は、遺言の日から20日以内に、証人の1人又は利害関係人から家庭裁判所に請求してその確認を得なければ、その効力を生じない。

5　家庭裁判所は、前項の遺言が遺言者の真意に出たものであるとの心証を得なければ、これを確認することができない。

（伝染病隔離者の遺言）

第977条　伝染病のため行政処分によって交通を断たれた場所に在る者は、警察官1人及び証人1人以上の立会いをもって遺言書を作ることができる。

（在船者の遺言）

第978条　船舶中に在る者は、船長又は事務員1人及び証人2人以上の立会いをもって遺言書を作ることができる。

（船舶遭難者の遺言）

第979条　船舶が遭難した場合において、当該船舶中に在って死亡の危急に迫った者は、証人2人以上の立会いをもって口頭で遺言をすることができる。

2　口がきけない者が前項の規定により遺言をする場合には、遺言者は、通訳人の通訳によりこれをしなければならない。

3　前二項の規定に従ってした遺言は、証人が、その趣旨を筆記して、これに署名し、印を押し、かつ、証人の1人又は利害関係人から遅滞なく家庭裁判

所に請求してその確認を得なければ、その効力を生じない。

4　第976条第5項の規定は、前項の場合について準用する。

（遺言関係者の署名及び押印）

第980条　第977条及び第978条の場合には、遺言者、筆者、立会人及び証人は、各自遺言書に署名し、印を押さなければならない。

（署名又は押印が不能の場合）

第981条　第977条から第979条までの場合において、署名又は印を押すことのできない者があるときは、立会人又は証人は、その事由を付記しなければならない。

（普通の方式による遺言の規定の準用）

第982条　**第968条第3項**及び第973条から第975条までの規定は、第976条から前条までの規定による遺言について準用する。

（特別の方式による遺言の効力）

第983条　第976条から前条までの規定によりした遺言は、遺言者が普通の方式によって遺言をすることができるようになった時から6箇月間生存するときは、その効力を生じない。

（外国に在る日本人の遺言の方式）

第984条　日本の領事の駐在する地に在る日本人が公正証書又は秘密証書によって遺言をしようとするときは、公証人の職務は、領事が行う。

第三節　遺言の効力

（遺言の効力の発生時期）

第985条　遺言は、遺言者の死亡の時からその効力を生ずる。

2　遺言に停止条件を付した場合において、その条件が遺言者の死亡後に成就したときは、遺言は、条件が成就した時からその効力を生ずる。

（遺贈の放棄）

第986条　受遺者は、遺言者の死亡後、いつでも、遺贈の放棄をすることができる。

2　遺贈の放棄は、遺言者の死亡の時にさかのぼってその効力を生ずる。

（受遺者に対する遺贈の承認又は放棄の催告）

第987条　遺贈義務者（遺贈の履行をする義務を負う者をいう。以下この節において同じ。）その他の利害関係人は、受遺者に対し、相当の期間を定めて、その期間内に遺贈の承認又は放棄をすべき旨の催告をすることができる。この場合において、受遺者がその期間内に遺贈義務者に対してその意思を表示しないときは、遺贈を承認したものとみなす。

（受遺者の相続人による遺贈の承認又は放棄）

第988条　受遺者が遺贈の承認又は放棄をしないで死亡したときは、その相続人は、自己の相続権の範囲内で、遺贈の承認又は放棄をすることができる。ただし、遺言者がその遺言に別段の意思を表示したときは、その意思に従う。

（遺贈の承認及び放棄の撤回及び取消し）

第989条　遺贈の承認及び放棄は、撤回することができない。

2　第919条第2項及び第3項の規定は、遺贈の承認及び放棄について準用する。

（包括受遺者の権利義務）

第990条　包括受遺者は、相続人と同一の権利義務を有する。

（受遺者による担保の請求）

第991条　受遺者は、遺贈が弁済期に至らない間は、遺贈義務者に対して相当の担保を請求することができる。停止条件付きの遺贈についてその条件の成否が未定である間も、同様とする。

（受遺者による果実の取得）

第992条　受遺者は、遺贈の履行を請求することができる時から果実を取得する。ただし、遺言者がその遺言に別段の意思を表示したときは、その意思に従う。

（遺贈義務者による費用の償還請求）

第993条　第299条の規定は、遺贈義務者が遺言者の死亡後に遺贈の目的物について費用を支出した場合について準用する。

2　果実を収取するために支出した通常の必要費は、果実の価格を超えない限度で、その償還を請求することができる。

（受遺者の死亡による遺贈の失効）

第994条　遺贈は、遺言者の死亡以前に受遺者が死亡したときは、その効力を生

じない。

2　停止条件付きの遺贈については、受遺者がその条件の成就前に死亡したときも、前項と同様とする。ただし、遺言者がその遺言に別段の意思を表示したときは、その意思に従う。

（遺贈の無効又は失効の場合の財産の帰属）

第995条　遺贈が、その効力を生じないとき、又は放棄によってその効力を失ったときは、受遺者が受けるべきであったものは、相続人に帰属する。ただし、遺言者がその遺言に別段の意思を表示したときは、その意思に従う。

（相続財産に属しない権利の遺贈）

第996条　遺贈は、その目的である権利が遺言者の死亡の時において相続財産に属しなかったときは、その効力を生じない。ただし、その権利が相続財産に属するかどうかにかかわらず、これを遺贈の目的としたものと認められるときは、この限りでない。

第997条　相続財産に属しない権利を目的とする遺贈が前条ただし書の規定により有効であるときは、遺贈義務者は、その権利を取得して受遺者に移転する義務を負う。

2　前項の場合において、同項に規定する権利を取得することができないとき、又はこれを取得するについて過分の費用を要するときは、遺贈義務者は、その価額を弁償しなければならない。ただし、遺言者がその遺言に別段の意思を表示したときは、その意思に従う。

（遺贈義務者の引渡義務）

第998条　遺贈義務者は、遺贈の目的である物又は権利を、相続開始の時（その後に当該物又は権利について遺贈の目的として特定した場合にあっては、その特定した時）の状態で引き渡し、又は移転する義務を負う。ただし、遺言者がその遺言に別段の意思を表示したときは、その意思に従う。

（遺贈の物上代位）

第999条　遺言者が、遺贈の目的物の滅失若しくは変造又はその占有の喪失によって第三者に対して償金を請求する権利を有するときは、その権利を遺贈の

目的としたものと推定する。

2　遺贈の目的物が、他の物と付合し、又は混和した場合において、遺言者が第243条から第245条までの規定により合成物又は混和物の単独所有者又は共有者となったときは、その全部の所有権又は持分を遺贈の目的としたものと推定する。

第1000条　削除

（債権の遺贈の物上代位）

第1001条　債権を遺贈の目的とした場合において、遺言者が弁済を受け、かつ、その受け取った物がなお相続財産中に在るときは、その物を遺贈の目的としたものと推定する。

2　金銭を目的とする債権を遺贈の目的とした場合においては、相続財産中にその債権額に相当する金銭がないときであっても、その金額を遺贈の目的としたものと推定する。

（負担付遺贈）

第1002条　負担付遺贈を受けた者は、遺贈の目的の価額を超えない限度においてのみ、負担した義務を履行する責任を負う。

2　受遺者が遺贈の放棄をしたときは、負担の利益を受けるべき者は、自ら受遺者となることができる。ただし、遺言者がその遺言に別段の意思を表示したときは、その意思に従う。

（負担付遺贈の受遺者の免責）

第1003条　負担付遺贈の目的の価額が相続の限定承認又は遺留分回復の訴えによって減少したときは、受遺者は、その減少の割合に応じて、その負担した義務を免れる。ただし、遺言者がその遺言に別段の意思を表示したときは、その意思に従う。

第四節　遺言の執行

（遺言書の検認）

第1004条　遺言書の保管者は、相続の開始を知った後、遅滞なく、これを家庭裁判所に提出して、その検認を請求しなければならない。遺言書の保管者がな

い場合において、相続人が遺言書を発見した後も、同様とする。

2　前項の規定は、公正証書による遺言については、適用しない。

3　封印のある遺言書は、家庭裁判所において相続人又はその代理人の立会いがなければ、開封することができない。

（過料）

第1005条　前条の規定により遺言書を提出することを怠り、その検認を経ないで遺言を執行し、又は家庭裁判所外においてその開封をした者は、5万円以下の過料に処する。

（遺言執行者の指定）

第1006条　遺言者は、遺言で、1人又は数人の遺言執行者を指定し、又はその指定を第三者に委託することができる。

2　遺言執行者の指定の委託を受けた者は、遅滞なく、その指定をして、これを相続人に通知しなければならない。

3　遺言執行者の指定の委託を受けた者がその委託を辞そうとするときは、遅滞なくその旨を相続人に通知しなければならない。

（遺言執行者の任務の開始）

第1007条　遺言執行者が就職を承諾したときは、直ちにその任務を行わなければならない。

2　遺言執行者は、その任務を開始したときは、遅滞なく、遺言の内容を相続人に通知しなければならない。

（遺言執行者に対する就職の催告）

第1008条　相続人その他の利害関係人は、遺言執行者に対し、相当の期間を定めて、その期間内に就職を承諾するかどうかを確答すべき旨の催告をすることができる。この場合において、遺言執行者が、その期間内に相続人に対して確答をしないときは、就職を承諾したものとみなす。

（遺言執行者の欠格事由）

第1009条　未成年者及び破産者は、遺言執行者となることができない。

（遺言執行者の選任）

第1010条　遺言執行者がないとき、又はなくなったときは、家庭裁判所は、利害関係人の請求によって、これを選任することができる。

（相続財産の目録の作成）

第1011条　遺言執行者は、遅滞なく、相続財産の目録を作成して、相続人に交付しなければならない。

2　遺言執行者は、相続人の請求があるときは、その立会いをもって相続財産の目録を作成し、又は公証人にこれを作成させなければならない。

（遺言執行者の権利義務）

第1012条　遺言執行者は、**遺言の内容を実現するため**、相続財産の管理その他遺言の執行に必要な一切の行為をする権利義務を有する。

2　遺言執行者がある場合には、遺贈の履行は、遺言執行者のみが行うことができる。

3　第644条、第645条から第647条まで及び第650条の規定は、遺言執行者について準用する。

（遺言の執行の妨害行為の禁止）

第1013条　遺言執行者がある場合には、相続人は、相続財産の処分その他遺言の執行を妨げるべき行為をすることができない。

2　前項の規定に違反してした行為は、無効とする。ただし、これをもって善意の第三者に対抗することができない。

3　前二項の規定は、相続人の債権者（相続債権者を含む。）が相続財産についてその権利を行使することを妨げない。

（特定財産に関する遺言の執行）

第1014条　前三条の規定は、遺言が相続財産のうち特定の財産に関する場合には、その財産についてのみ適用する。

2　遺産の分割の方法の指定として遺産に属する特定の財産を共同相続人の1人又は数人に承継させる旨の遺言（以下「特定財産承継遺言」という。）があったときは、遺言執行者は、当該共同相続人が第899条の2第1項に規定する対抗要件を備えるために必要な行為をすることができる。

3　前項の財産が預貯金債権である場合には、遺言執行者は、同項に規定する
　行為のほか、その預金又は貯金の払戻しの請求及びその預金又は貯金に係る契
　約の解約の申入れをすることができる。ただし、解約の申入れについては、そ
　の預貯金債権の全部が特定財産承継遺言の目的である場合に限る。

4　前二項の規定にかかわらず、被相続人が遺言で別段の意思を表示したとき
　は、その意思に従う。

（遺言執行者の行為の効果）

第1015条　遺言執行者がその権限内において遺言執行者であることを示してし
　た行為は、相続人に対して直接にその効力を生ずる。

（遺言執行者の復任権）

第1016条　遺言執行者は、自己の責任で第三者にその任務を行わせることがで
　きる。ただし、遺言者がその遺言に別段の意思を表示したときは、その意思に
　従う。

2　前項本文の場合において、第三者に任務を行わせることについてやむを得
　ない事由があるときは、遺言執行者は、相続人に対してその選任及び監督につ
　いての責任のみを負う。

（遺言執行者が数人ある場合の任務の執行）

第1017条　遺言執行者が数人ある場合には、その任務の執行は、過半数で決する。
　ただし、遺言者がその遺言に別段の意思を表示したときは、その意思に従う。

2　各遺言執行者は、前項の規定にかかわらず、保存行為をすることができる。

（遺言執行者の報酬）

第1018条　家庭裁判所は、相続財産の状況その他の事情によって遺言執行者の
　報酬を定めることができる。ただし、遺言者がその遺言に報酬を定めたときは、
　この限りでない。

2　第648条第2項及び第3項並びに第648条の2の規定は、遺言執行者が報酬
　を受けるべき場合について準用する。

（遺言執行者の解任及び辞任）

第1019条　遺言執行者がその任務を怠ったときその他正当な事由があるときは、

利害関係人は、その解任を家庭裁判所に請求することができる。

2　遺言執行者は、正当な事由があるときは、家庭裁判所の許可を得て、その任務を辞することができる。

（委任の規定の準用）

第1020条　第654条及び第655条の規定は、遺言執行者の任務が終了した場合について準用する。

（遺言の執行に関する費用の負担）

第1021条　遺言の執行に関する費用は、相続財産の負担とする。ただし、これによって遺留分を減ずることができない。

第五節　遺言の撤回及び取消し

（遺言の撤回）

第1022条　遺言者は、いつでも、遺言の方式に従って、その遺言の全部又は一部を撤回することができる。

（前の遺言と後の遺言との抵触等）

第1023条　前の遺言が後の遺言と抵触するときは、その抵触する部分については、後の遺言で前の遺言を撤回したものとみなす。

2　前項の規定は、遺言が遺言後の生前処分その他の法律行為と抵触する場合について準用する。

（遺言書又は遺贈の目的物の破棄）

第1024条　遺言者が故意に遺言書を破棄したときは、その破棄した部分については、遺言を撤回したものとみなす。遺言者が故意に遺贈の目的物を破棄したときも、同様とする。

（撤回された遺言の効力）

第1025条　前三条の規定により撤回された遺言は、その撤回の行為が、撤回され、取り消され、又は効力を生じなくなるに至ったときであっても、その効力を回復しない。ただし、その行為が錯誤、詐欺又は強迫による場合は、この限りでない。

（遺言の撤回権の放棄の禁止）

資料編

第1026条　遺言者は、その遺言を撤回する権利を放棄することができない。

（負担付遺贈に係る遺言の取消し）

第1027条　負担付遺贈を受けた者がその負担した義務を履行しないときは、相続人は、相当の期間を定めてその履行の催告をすることができる。この場合において、その期間内に履行がないときは、その負担付遺贈に係る遺言の取消しを家庭裁判所に請求することができる。

第八章　配偶者の居住の権利

第一節　配偶者居住権

（配偶者居住権）

第1028条　被相続人の配偶者（以下この章において単に「配偶者」という。）は、被相続人の財産に属した建物に相続開始の時に居住していた場合において、次の各号のいずれかに該当するときは、その居住していた建物（以下この節において「居住建物」という。）の全部について無償で使用及び収益をする権利（以下この章において「配偶者居住権」という。）を取得する。ただし、被相続人が相続開始の時に居住建物を配偶者以外の者と共有していた場合にあっては、この限りでない。

　一　遺産の分割によって配偶者居住権を取得するものとされたとき。

　二　配偶者居住権が遺贈の目的とされたとき。

2　居住建物が配偶者の財産に属することとなった場合であっても、他の者がその共有持分を有するときは、配偶者居住権は、消滅しない。

3　第903条第4項の規定は、配偶者居住権の遺贈について準用する。

（審判による配偶者居住権の取得）

第1029条　遺産の分割の請求を受けた家庭裁判所は、次に掲げる場合に限り、配偶者が配偶者居住権を取得する旨を定めることができる。

　一　共同相続人間に配偶者が配偶者居住権を取得することについて合意が成立しているとき。

　二　配偶者が家庭裁判所に対して配偶者居住権の取得を希望する旨を申し出た場合において、居住建物の所有者の受ける不利益の程度を考慮してもなお配

偶者の生活を維持するために特に必要があると認めるとき（前号に掲げる場合を除く。）。

（配偶者居住権の存続期間）

第1030条　配偶者居住権の存続期間は、配偶者の終身の間とする。ただし、遺産の分割の協議若しくは遺言に別段の定めがあるとき、又は家庭裁判所が遺産の分割の審判において別段の定めをしたときは、その定めるところによる。

（配偶者居住権の登記等）

第1031条　居住建物の所有者は、配偶者（配偶者居住権を取得した配偶者に限る。以下この節において同じ。）に対し、配偶者居住権の設定の登記を備えさせる義務を負う。

2　第605条の規定は配偶者居住権について、第605条の4の規定は配偶者居住権の設定の登記を備えた場合について準用する。

（配偶者による使用及び収益）

第1032条　配偶者は、従前の用法に従い、善良な管理者の注意をもって、居住建物の使用及び収益をしなければならない。ただし、従前居住の用に供していなかった部分について、これを居住の用に供することを妨げない。

2　配偶者居住権は、譲渡することができない。

3　配偶者は、居住建物の所有者の承諾を得なければ、居住建物の改築若しくは増築をし、又は第三者に居住建物の使用若しくは収益をさせることができない。

4　配偶者が第1項又は前項の規定に違反した場合において、居住建物の所有者が相当の期間を定めてその是正の催告をし、その期間内に是正がされないときは、居住建物の所有者は、当該配偶者に対する意思表示によって配偶者居住権を消滅させることができる。

（居住建物の修繕等）

第1033条　配偶者は、居住建物の使用及び収益に必要な修繕をすることができる。

2　居住建物の修繕が必要である場合において、配偶者が相当の期間内に必要な修繕をしないときは、居住建物の所有者は、その修繕をすることができる。

3　居住建物が修繕を要するとき（第1項の規定により配偶者が自らその修繕をするときを除く。）、又は居住建物について権利を主張する者があるときは、配偶者は、居住建物の所有者に対し、遅滞なくその旨を通知しなければならない。ただし、居住建物の所有者が既にこれを知っているときは、この限りでない。

（居住建物の費用の負担）

第1034条　配偶者は、居住建物の通常の必要費を負担する。

2　第583条第2項の規定は、前項の通常の必要費以外の費用について準用する。

（居住建物の返還等）

第1035条　配偶者は、配偶者居住権が消滅したときは、居住建物の返還をしなければならない。ただし、配偶者が居住建物について共有持分を有する場合は、居住建物の所有者は、配偶者居住権が消滅したことを理由としては、居住建物の返還を求めることができない。

2　第599条第1項及び第2項並びに第621条の規定は、前項本文の規定により配偶者が相続の開始後に附属させた物がある居住建物又は相続の開始後に生じた損傷がある居住建物の返還をする場合について準用する。

（使用貸借及び賃貸借の規定の準用）

第1036条　第597条第1項及び第3項、第600条、第613条並びに第616条の2の規定は、配偶者居住権について準用する。

第二節　配偶者短期居住権

（配偶者短期居住権）

第1037条　配偶者は、被相続人の財産に属した建物に相続開始の時に無償で居住していた場合には、次の各号に掲げる区分に応じてそれぞれ当該各号に定める日までの間、その居住していた建物（以下この節において「居住建物」という。）の所有権を相続又は遺贈により取得した者（以下この節において「居住建物取得者」という。）に対し、居住建物について無償で使用する権利（居住建物の一部のみを無償で使用していた場合にあっては、その部分について無償で使用する権利。以下この節において「配偶者短期居住権」という。）を有する。

169

ただし、配偶者が、相続開始の時において居住建物に係る配偶者居住権を取得したとき、又は第891条の規定に該当し若しくは廃除によってその相続権を失ったときは、この限りでない。

一　居住建物について配偶者を含む共同相続人間で遺産の分割をすべき場合　遺産の分割により居住建物の帰属が確定した日又は相続開始の時から6箇月を経過する日のいずれか遅い日

二　前号に掲げる場合以外の場合　第3項の申入れの日から6箇月を経過する日

2　前項本文の場合においては、居住建物取得者は、第三者に対する居住建物の譲渡その他の方法により配偶者の居住建物の使用を妨げてはならない。

3　居住建物取得者は、第1項第一号に掲げる場合を除くほか、いつでも配偶者短期居住権の消滅の申入れをすることができる。

（配偶者による使用）

第1038条　配偶者（配偶者短期居住権を有する配偶者に限る。以下この節において同じ。）は、従前の用法に従い、善良な管理者の注意をもって、居住建物の使用をしなければならない。

2　配偶者は、居住建物取得者の承諾を得なければ、第三者に居住建物の使用をさせることができない。

3　配偶者が前二項の規定に違反したときは、居住建物取得者は、当該配偶者に対する意思表示によって配偶者短期居住権を消滅させることができる。

（配偶者居住権の取得による配偶者短期居住権の消滅）

第1039条　配偶者が居住建物に係る配偶者居住権を取得したときは、配偶者短期居住権は、消滅する。

（居住建物の返還等）

第1040条　配偶者は、前条に規定する場合を除き、配偶者短期居住権が消滅したときは、居住建物の返還をしなければならない。ただし、配偶者が居住建物について共有持分を有する場合は、居住建物取得者は、配偶者短期居住権が消滅したことを理由としては、居住建物の返還を求めることができない。

2 第599条第1項及び第2項並びに第621条の規定は、前項本文の規定により配偶者が相続の開始後に附属させた物がある居住建物又は相続の開始後に生じた損傷がある居住建物の返還をする場合について準用する。

（使用貸借等の規定の準用）

第1041条 第597条第3項、第600条、第616条の2、第1032条第2項、第1033条及び第1034条の規定は、配偶者短期居住権について準用する。

第九章　遺留分

（遺留分の帰属及びその割合）

第1042条 兄弟姉妹以外の相続人は、遺留分として、**次条第1項に規定する遺留分を算定するための財産の価額に**、次の各号に掲げる区分に応じてそれぞれ当該各号に定める割合**を乗じた**額を受ける。

　一　直系尊属のみが相続人である場合　3分の1

　二　前号に掲げる場合以外の場合　2分の1

2 相続人が数人ある場合には、前項各号に定める割合は、これらに第900条及び第901条の規定により算定したその各自の相続分を乗じた割合とする。

（遺留分を算定するための財産の価額）

第1043条 遺留分を算定するための財産の価額は、被相続人が相続開始の時において有した財産の価額にその贈与した財産の価額を加えた額から債務の全額**を控除した額とする。**

2 条件付きの権利又は存続期間の不確定な権利は、家庭裁判所が選任した鑑定人の評価に従って、その価格を定める。

第1044条 贈与は、相続開始前の1年間にしたものに限り、前条の規定によりその価額を算入する。当事者双方が遺留分権利者に損害を加えることを知って贈与をしたときは、1年前の日より前にしたものについても、同様とする。

2 第904条の規定は、前項に規定する贈与の価額について準用する。

3 相続人に対する贈与についての第1項の規定の適用については、同項中「1年」とあるのは「10年」と、「価額」とあるのは「価額（婚姻若しくは養子縁組のため又は生計の資本として受けた贈与の価額に限る。）」とする。

第1045条　負担付贈与がされた場合における第1043条第１項に規定する贈与した財産の価額は、その目的の価額から負担の価額を控除した額とする。

2　不相当な対価をもってした有償行為は、当事者双方が遺留分権利者に損害を加えることを知ってしたものに限り、当該対価を負担の価額とする負担付贈与とみなす。（「この場合において、遺留分権利者がその減殺を請求するときは、その対価を償還しなければならない。」→削除）

（遺留分侵害額の請求）

第1046条　遺留分権利者及びその承継人は、受遺者（特定財産承継遺言により財産を承継し又は相続分の指定を受けた相続人を含む。以下この章において同じ。）又は受贈者に対し、遺留分侵害額に相当する金銭の支払を請求することができる。

2　遺留分侵害額は、第1042条の規定による遺留分から第一号及び第二号に掲げる額を控除し、これに第三号に掲げる額を加算して算定する。

一　遺留分権利者が受けた遺贈又は第903条第１項に規定する贈与の価額

二　第900条から第902条まで、第903条及び第904条の規定により算定した相続分に応じて遺留分権利者が取得すべき遺産の価額

三　被相続人が相続開始の時において有した債務のうち、第899条の規定により遺留分権利者が承継する債務（次条第３項において「遺留分権利者承継債務」という。）の額

（受遺者又は受贈者の負担額）

第1047条　受遺者又は受贈者は、次の各号の定めるところに従い、遺贈（特定財産承継遺言による財産の承継又は相続分の指定による遺産の取得を含む。以下この章において同じ。）又は贈与（遺留分を算定するための財産の価額に算入されるものに限る。以下この章において同じ。）の目的の価額（受遺者又は受贈者が相続人である場合にあっては、当該価額から第1042条の規定による遺留分として当該相続人が受けるべき額を控除した額）を限度として、遺留分侵害額を負担する。

一　受遺者と受贈者とがあるときは、受遺者が先に負担する。

二　受遺者が複数あるとき、又は受贈者が複数ある場合においてその贈与が同時にされたものであるときは、受遺者又は受贈者がその目的の価額の割合に応じて負担する。ただし、遺言者がその遺言に別段の意思を表示したときは、その意思に従う。

三　受贈者が複数あるとき（前号に規定する場合を除く。）は、後の贈与に係る受贈者から順次前の贈与に係る受贈者が負担する。

2　第904条、第1043条第2項及び第1045条の規定は、前項に規定する遺贈又は贈与の目的の価額について準用する。

3　前条第1項の請求を受けた受遺者又は受贈者は、遺留分権利者承継債務について弁済その他の債務を消滅させる行為をしたときは、消滅した債務の額の限度において、遺留分権利者に対する意思表示によって第1項の規定により負担する債務を消滅させることができる。この場合において、当該行為によって遺留分権利者に対して取得した求償権は、消滅した当該債務の額の限度において消滅する。

4　受遺者又は受贈者の無資力によって生じた損失は、遺留分権利者の負担に帰する。

5　裁判所は、受遺者又は受贈者の請求により、第1項の規定により負担する債務の全部又は一部の支払につき相当の期限を許与することができる。

（**遺留分侵害額請求権**の期間の制限）

第1048条　**遺留分侵害額**の請求権は、遺留分権利者が、相続の開始及び**遺留分を侵害する**贈与又は遺贈があったことを知った時から1年間行使しないときは、時効によって消滅する。相続開始の時から10年を経過したときも、同様とする。

（遺留分の放棄）

第1049条　相続の開始前における遺留分の放棄は、家庭裁判所の許可を受けたときに限り、その効力を生ずる。

2　共同相続人の1人のした遺留分の放棄は、他の各共同相続人の遺留分に影響を及ぼさない。

第十章　特別の寄与

第1050条　被相続人に対して無償で療養看護その他の労務の提供をしたことにより被相続人の財産の維持又は増加について特別の寄与をした被相続人の親族（相続人、相続の放棄をした者及び第891条の規定に該当し又は廃除によってその相続権を失った者を除く。以下この条において「特別寄与者」という。）は、相続の開始後、相続人に対し、特別寄与者の寄与に応じた額の金銭（以下この条において「特別寄与料」という。）の支払を請求することができる。

2　前項の規定による特別寄与料の支払について、当事者間に協議が調わないとき、又は協議をすることができないときは、特別寄与者は、家庭裁判所に対して協議に代わる処分を請求することができる。ただし、特別寄与者が相続の開始及び相続人を知った時から6箇月を経過したとき、又は相続開始の時から1年を経過したときは、この限りでない。

3　前項本文の場合には、家庭裁判所は、寄与の時期、方法及び程度、相続財産の額その他一切の事情を考慮して、特別寄与料の額を定める。

4　特別寄与料の額は、被相続人が相続開始の時において有した財産の価額から遺贈の価額を控除した残額を超えることができない。

5　相続人が数人ある場合には、各相続人は、特別寄与料の額に第900条から第902条までの規定により算定した当該相続人の相続分を乗じた額を負担する。

民法及び家事事件手続法の一部を改正する法律附則（一部抜粋）

（施行期日）

第1条　この法律は、公布の日から起算して1年を超えない範囲内において政令で定める日から施行する。ただし、次の各号に掲げる規定は、当該各号に定める日から施行する。

一　附則第30条及び第31条の規定　公布の日

二　第1条中民法第968条、第970条第2項及び第982条の改正規定並びに附則第6条の規定　公布の日から起算して6月を経過した日

三　第1条中民法第998条、第1000条及び第1025条ただし書の改正規定並びに附則第7条及び第9条の規定　民法の一部を改正する法律（平成29年法律第44号）の施行の日

四　第2条並びに附則第10条、第13条、第14条、第17条、第18条及び第23条から第26条までの規定　公布の日から起算して2年を超えない範囲内において政令で定める日

五　第3条中家事事件手続法第3条の11及び第3条の14の改正規定並びに附則第11条第1項の規定　人事訴訟法等の一部を改正する法律（平成30年法律第20号）の施行の日又はこの法律の施行の日のいずれか遅い日

（民法の一部改正に伴う経過措置の原則）

第2条　この法律の施行の日（以下「施行日」という。）前に開始した相続については、この附則に特別の定めがある場合を除き、なお従前の例による。

（共同相続における権利の承継の対抗要件に関する経過措置）

第3条　第1条の規定による改正後の民法（以下「新民法」という。）第899条の2の規定は、施行日前に開始した相続に関し遺産の分割による債権の承継がされた場合において、施行日以後にその承継の通知がされるときにも、適用する。

（夫婦間における居住用不動産の遺贈又は贈与に関する経過措置）

第4条　新民法第903条第4項の規定は、施行日前にされた遺贈又は贈与につい

ては、適用しない。

（遺産の分割前における預貯金債権の行使に関する経過措置）

第5条　新民法第909条の2の規定は、施行日前に開始した相続に関し、施行日以後に預貯金債権が行使されるときにも、適用する。

2　施行日から附則第1条第三号に定める日の前日までの間における新民法第909条の2の規定の適用については、同条中「預貯金債権のうち」とあるのは、「預貯金債権（預金口座又は貯金口座に係る預金又は貯金に係る債権をいう。以下同じ。）のうち」とする。

（自筆証書遺言の方式に関する経過措置）

第6条　附則第1条第二号に掲げる規定の施行の日前にされた自筆証書遺言については、新民法第968条第2項及び第3項の規定にかかわらず、なお従前の例による。

（遺贈義務者の引渡義務等に関する経過措置）

第7条　附則第1条第三号に掲げる規定の施行の日（以下「第三号施行日」という。）前にされた遺贈に係る遺贈義務者の引渡義務については、新民法第998条の規定にかかわらず、なお従前の例による。

2　第1条の規定による改正前の民法第1000条の規定は、第三号施行日前にされた第三者の権利の目的である財産の遺贈については、なおその効力を有する。

（遺言執行者の権利義務等に関する経過措置）

第8条　新民法第1007条第2項及び第1012条の規定は、施行日前に開始した相続に関し、施行日以後に遺言執行者となる者にも、適用する。

2　新民法第1014条第2項から第4項までの規定は、施行日前にされた特定の財産に関する遺言に係る遺言執行者によるその執行については、適用しない。

3　施行日前にされた遺言に係る遺言執行者の復任権については、新民法第1016条の規定にかかわらず、なお従前の例による。

（撤回された遺言の効力に関する経過措置）

第9条　第三号施行日前に撤回された遺言の効力については、新民法第1025条ただし書の規定にかかわらず、なお従前の例による。

（配偶者の居住の権利に関する経過措置）

第10条　第2条の規定による改正後の民法（次項において「第四号新民法」という。）第1028条から第1041条までの規定は、次項に定めるものを除き、附則第1条第四号に掲げる規定の施行の日（以下この条において「第四号施行日」という。）以後に開始した相続について適用し、第四号施行日前に開始した相続については、なお従前の例による。

2　第四号新民法第1028条から第1036条までの規定は、第四号施行日前にされた遺贈については、適用しない。

（家事事件手続法の一部改正に伴う経過措置）

第11条　第3条の規定による改正後の家事事件手続法（以下「新家事事件手続法」という。）第3条の11第4項の規定は、附則第1条第五号に掲げる規定の施行の日前にした特定の国の裁判所に特別の寄与に関する処分の審判事件（新家事事件手続法別表第2の15の項の事項についての審判事件をいう。）の申立てをすることができる旨の合意については、適用しない。

2　施行日から第三号施行日の前日までの間における新家事事件手続法第200条第3項の規定の適用については、同項中「民法第466条の5第1項に規定する預貯金債権」とあるのは、「預金口座又は貯金口座に係る預金又は貯金に係る債権」とする。

（家事事件手続法の一部改正に伴う調整規定）

第12条　施行日が人事訴訟法等の一部を改正する法律の施行の日前となる場合には、同日の前日までの間における新家事事件手続法第216条の2及び別表第2の規定の適用については、同条中「審判事件」とあるのは「審判事件（別表第2の15の項の事項についての審判事件をいう。）」と、同表中「第197条」とあるのは「第197条、第216条の2」とする。

（刑法の一部改正）

第13条　刑法（明治40年法律第45号）の一部を次のように改正する。

第115条及び第120条第2項中「賃貸し」の下に「、配偶者居住権が設定され」を加える。

第262条中「又は賃貸した」を「賃貸し、又は配偶者居住権が設定された」に改める。

（中略）

（不動産登記法の一部改正）

第26条　不動産登記法（平成16年法律第123号）の一部を次のように改正する。

第3条中第九号を第十号とし、第八号の次に次の一号を加える。

九　配偶者居住権

第81条の次に次の一条を加える。

（配偶者居住権の登記の登記事項）

第81条の2　配偶者居住権の登記の登記事項は、第59条各号に掲げるもののほか、次のとおりとする。

一　存続期間

二　第三者に居住建物（民法第1028条第1項に規定する居住建物をいう。）の使用又は収益をさせることを許す旨の定めがあるときは、その定め

（中略）

第30条　民法の一部を改正する法律の一部を次のように改正する。

第1012条第2項の改正規定中「第1012条第2項」を「第1012条第3項」に改める。

第1016条第2項を削る改正規定を削る。

附則第36条の見出し中「復任権及び」を削り、同条第1項を削り、同条第2項を同条とする。

（政令への委任）

第31条　この附則に規定するもののほか、この法律の施行に関し必要な経過措置は、政令で定める。

「民法及び家事事件手続法の一部を改正する法律」に基づく家事事件手続法（一部）

（以下、**太字**箇所が改正箇所。重要条項のみ反映）

（遺産の分割の審判事件を本案とする保全処分）

第200条　家庭裁判所（第105条第2項の場合にあっては、高等裁判所。次項**及び第3項**において同じ。）は、遺産の分割の審判又は調停の申立てがあった場合において、財産の管理のため必要があるときは、申立てにより又は職権で、担保を立てさせないで、遺産の分割の申立てについての審判が効力を生ずるまでの間、財産の管理者を選任し、又は事件の関係人に対し、財産の管理に関する事項を指示することができる。

2　家庭裁判所は、遺産の分割の審判又は調停の申立てがあった場合において、強制執行を保全し、又は事件の関係人の急迫の危険を防止するため必要があるときは、当該申立てをした者又は相手方の申立てにより、遺産の分割の審判を本案とする仮差押え、仮処分その他の必要な保全処分を命ずることができる。

3　前項に規定するもののほか、家庭裁判所は、遺産の分割の審判又は調停の申立てがあった場合において、相続財産に属する債務の弁済、相続人の生活費の支弁その他の事情により遺産に属する預貯金債権（民法第466条の5第1項に規定する預貯金債権をいう。以下この項において同じ。）を当該申立てをした者又は相手方が行使する必要があると認めるときは、その申立てにより、遺産に属する特定の預貯金債権の全部又は一部をその者に仮に取得させることができる。ただし、他の共同相続人の利益を害するときは、この限りでない。

4　第125条第1項から第6項までの規定及び民法第27条から第29条まで（同法第27条第2項を除く。）の規定は、第1項の財産の管理者について準用する。この場合において、第125条第3項中「成年被後見人の財産」とあるのは、「遺産」と読み替えるものとする。

（遺言執行者の解任の審判事件を本案とする保全処分）

第215条　家庭裁判所（第105条第2項の場合にあっては、高等裁判所。第3項及び第4項において同じ。）は、遺言執行者の解任の申立てがあった場合にお

179

いて、**遺言の内容の実現（「相続人の利益」を削除）**のため必要があるときは、当該申立てをした者の申立てにより、遺言執行者の解任の申立てについての審判が効力を生ずるまでの間、遺言執行者の職務の執行を停止し、又はその職務代行者を選任することができる。

2　前項の規定による遺言執行者の職務の執行を停止する審判は、職務の執行を停止される遺言執行者、他の遺言執行者又は同項の規定により選任した職務代行者に告知することによって、その効力を生ずる。

3　家庭裁判所は、いつでも、第1項の規定により選任した職務代行者を改任することができる。

4　家庭裁判所は、第1項の規定により選任し、又は前項の規定により改任した職務代行者に対し、相続財産の中から、相当な報酬を与えることができる。

第十八節　遺留分に関する審判事件

第216条　次の各号に掲げる審判事件は、当該各号に定める地を管轄する家庭裁判所の管轄に属する。

一　遺留分を算定する**ための財産の価額を定める**場合における鑑定人の選任の審判事件（別表第1の109の項の事項についての審判事件をいう。）　相続が開始した地

二　遺留分の放棄についての許可の審判事件（別表第1の110の項の事項についての審判事件をいう。）　被相続人の住所地

2　遺留分の放棄についての許可の申立てをした者は、申立てを却下する審判に対し、即時抗告をすることができる。

第十八節の二　特別の寄与に関する審判事件

（管轄）

第216条の2　特別の寄与に関する処分の審判事件は、相続が開始した地を管轄する家庭裁判所の管轄に属する。

（給付命令）

第216条の3　家庭裁判所は、特別の寄与に関する処分の審判において、当事者に対し、金銭の支払を命ずることができる。

（即時抗告）

第216条の4　次の各号に掲げる審判に対しては、当該各号に定める者は、即時
　　抗告をすることができる。

　　一　特別の寄与に関する処分の審判　申立人及び相手方

　　二　特別の寄与に関する処分の申立てを却下する審判　申立人

（特別の寄与に関する審判事件を本案とする保全処分）

第216条の5　家庭裁判所（第105条第2項の場合にあっては、高等裁判所）は、
　　特別の寄与に関する処分についての審判又は調停の申立てがあった場合におい
　　て、強制執行を保全し、又は申立人の急迫の危険を防止するため必要があると
　　きは、当該申立てをした者の申立てにより、特別の寄与に関する処分の審判を
　　本案とする仮差押え、仮処分その他の必要な保全処分を命ずることができる。

法務局における遺言書の保管等に関する法律

（趣旨）

第1条　この法律は、法務局（法務局の支局及び出張所、法務局の支局の出張所並びに地方法務局及びその支局並びにこれらの出張所を含む。次条第1項において同じ。）における遺言書（民法（明治29年法律第89号）第968条の自筆証書によってした遺言に係る遺言書をいう。以下同じ。）の保管及び情報の管理に関し必要な事項を定めるとともに、その遺言書の取扱いに関し特別の定めをするものとする。

（遺言書保管所）

第2条　遺言書の保管に関する事務は、法務大臣の指定する法務局が、遺言書保管所としてつかさどる。

2　前項の指定は、告示してしなければならない。

（遺言書保管官）

第3条　遺言書保管所における事務は、遺言書保管官（遺言書保管所に勤務する法務事務官のうちから、法務局又は地方法務局の長が指定する者をいう。以下同じ。）が取り扱う。

（遺言書の保管の申請）

第4条　遺言者は、遺言書保管官に対し、遺言書の保管の申請をすることができる。

2　前項の遺言書は、法務省令で定める様式に従って作成した無封のものでなければならない。

3　第1項の申請は、遺言者の住所地若しくは本籍地又は遺言者が所有する不動産の所在地を管轄する遺言書保管所（遺言者の作成した他の遺言書が現に遺言書保管所に保管されている場合にあっては、当該他の遺言書が保管されている遺言書保管所）の遺言書保管官に対してしなければならない。

4　第1項の申請をしようとする遺言者は、法務省令で定めるところにより、遺言書に添えて、次に掲げる事項を記載した申請書を遺言書保管官に提出しな

ければならない。

一　遺言書に記載されている作成の年月日

二　遺言者の氏名、出生の年月日、住所及び本籍（外国人にあっては、国籍）

三　遺言書に次に掲げる者の記載があるときは、その氏名又は名称及び住所

　　イ　受遺者

　　ロ　民法第1006条第1項の規定により指定された遺言執行者

四　前三号に掲げるもののほか、法務省令で定める事項

5　前項の申請書には、同項第二号に掲げる事項を証明する書類その他法務省令で定める書類を添付しなければならない。

6　遺言者が第1項の申請をするときは、遺言書保管所に自ら出頭して行わなければならない。

（遺言書保管官による本人確認）

第5条　遺言書保管官は、前条第1項の申請があった場合において、申請人に対し、法務省令で定めるところにより、当該申請人が本人であるかどうかの確認をするため、当該申請人を特定するために必要な氏名その他の法務省令で定める事項を示す書類の提示若しくは提出又はこれらの事項についての説明を求めるものとする。

（遺言書の保管等）

第6条　遺言書の保管は、遺言書保管官が遺言書保管所の施設内において行う。

2　遺言者は、その申請に係る遺言書が保管されている遺言書保管所（第4項及び第8条において「特定遺言書保管所」という。）の遺言書保管官に対し、いつでも当該遺言書の閲覧を請求することができる。

3　前項の請求をしようとする遺言者は、法務省令で定めるところにより、その旨を記載した請求書に法務省令で定める書類を添付して、遺言書保管官に提出しなければならない。

4　遺言者が第2項の請求をするときは、特定遺言書保管所に自ら出頭して行わなければならない。この場合においては、前条の規定を準用する。

5　遺言書保管官は、第1項の規定による遺言書の保管をする場合において、

遺言者の死亡の日（遺言者の生死が明らかでない場合にあっては、これに相当する日として政令で定める日）から相続に関する紛争を防止する必要があると認められる期間として政令で定める期間が経過した後は、これを廃棄することができる。

（遺言書に係る情報の管理）

第7条　遺言書保管官は、前条第1項の規定により保管する遺言書について、次項に定めるところにより、当該遺言書に係る情報の管理をしなければならない。

2　遺言書に係る情報の管理は、磁気ディスク（これに準ずる方法により一定の事項を確実に記録することができる物を含む。）をもって調製する遺言書保管ファイルに、次に掲げる事項を記録することによって行う。

一　遺言書の画像情報

二　第4条第4項第一号から第三号までに掲げる事項

三　遺言書の保管を開始した年月日

四　遺言書が保管されている遺言書保管所の名称及び保管番号

3　前条第5項の規定は、前項の規定による遺言書に係る情報の管理について準用する。この場合において、同条第5項中「廃棄する」とあるのは、「消去する」と読み替えるものとする。

（遺言書の保管の申請の撤回）

第8条　遺言者は、特定遺言書保管所の遺言書保管官に対し、いつでも、第4条第1項の申請を撤回することができる。

2　前項の撤回をしようとする遺言者は、法務省令で定めるところにより、その旨を記載した撤回書に法務省令で定める書類を添付して、遺言書保管官に提出しなければならない。

3　遺言者が第1項の撤回をするときは、特定遺言書保管所に自ら出頭して行わなければならない。この場合においては、第5条の規定を準用する。

4　遺言書保管官は、遺言者が第1項の撤回をしたときは、遅滞なく、当該遺言者に第6条第1項の規定により保管している遺言書を返還するとともに、

前条第2項の規定により管理している当該遺言書に係る情報を消去しなければならない。

（遺言書情報証明書の交付等）

第9条　次に掲げる者（以下この条において「関係相続人等」という。）は、遺言書保管官に対し、遺言書保管所に保管されている遺言書（その遺言者が死亡している場合に限る。）について、遺言書保管ファイルに記録されている事項を証明した書面（第5項及び第12条第1項第三号において「遺言書情報証明書」という。）の交付を請求することができる。

一　当該遺言書の保管を申請した遺言者の相続人（民法第891条の規定に該当し又は廃除によってその相続権を失った者及び相続の放棄をした者を含む。以下この条において同じ。）

二　前号に掲げる者のほか、当該遺言書に記載された次に掲げる者又はその相続人（ロに規定する母の相続人の場合にあっては、ロに規定する胎内に在る子に限る。）

　　イ　第4条第4項第三号イに掲げる者

　　ロ　民法第781条第2項の規定により認知するものとされた子（胎内に在る子にあっては、その母）

　　ハ　民法第893条の規定により廃除する意思を表示された推定相続人（同法第892条に規定する推定相続人をいう。以下このハにおいて同じ。）又は同法第894条第2項において準用する同法第893条の規定により廃除を取り消す意思を表示された推定相続人

　　ニ　民法第897条第1項ただし書の規定により指定された祖先の祭祀を主宰すべき者

　　ホ　国家公務員災害補償法（昭和26年法律第191号）第17条の5第3項の規定により遺族補償一時金を受けることができる遺族のうち特に指定された者又は地方公務員災害補償法（昭和42年法律第121号）第37条第3項の規定により遺族補償一時金を受けることができる遺族のうち特に指定された者

ヘ　信託法（平成18年法律第108号）第3条第二号に掲げる方法によって信託がされた場合においてその受益者となるべき者として指定された者若しくは残余財産の帰属すべき者となるべき者として指定された者又は同法第89条第2項の規定による受益者指定権等の行使により受益者となるべき者

ト　保険法（平成20年法律第56号）第44条第1項又は第73条第1項の規定による保険金受取人の変更により保険金受取人となるべき者

チ　イからトまでに掲げる者のほか、これらに類するものとして政令で定める者

三　前二号に掲げる者のほか、当該遺言書に記載された次に掲げる者

イ　第4条第4項第三号ロに掲げる者

ロ　民法第830条第1項の財産について指定された管理者

ハ　民法第839条第1項の規定により指定された未成年後見人又は同法第848条の規定により指定された未成年後見監督人

ニ　民法第902条第1項の規定により共同相続人の相続分を定めることを委託された第三者、同法第908条の規定により遺産の分割の方法を定めることを委託された第三者又は同法第1006条第1項の規定により遺言執行者の指定を委託された第三者

ホ　著作権法（昭和45年法律第48号）第75条第2項の規定により同条第1項の登録について指定を受けた者又は同法第116条第3項の規定により同条第1項の請求について指定を受けた者

ヘ　信託法第3条第二号に掲げる方法によって信託がされた場合においてその受託者となるべき者、信託管理人となるべき者、信託監督人となるべき者又は受益者代理人となるべき者として指定された者

ト　イからヘまでに掲げる者のほか、これらに類するものとして政令で定める者

2　前項の請求は、自己が関係相続人等に該当する遺言書（以下この条及び次条第1項において「関係遺言書」という。）を現に保管する遺言書保管所以外

の遺言書保管所の遺言書保管官に対してもすることができる。

3　関係相続人等は、関係遺言書を保管する遺言書保管所の遺言書保管官に対し、当該関係遺言書の閲覧を請求することができる。

4　第1項又は前項の請求をしようとする者は、法務省令で定めるところにより、その旨を記載した請求書に法務省令で定める書類を添付して、遺言書保管官に提出しなければならない。

5　遺言書保管官は、第1項の請求により遺言書情報証明書を交付し又は第3項の請求により関係遺言書の閲覧をさせたときは、法務省令で定めるところにより、速やかに、当該関係遺言書を保管している旨を遺言者の相続人並びに当該関係遺言書に係る第4条第4項第三号イ及びロに掲げる者に通知するものとする。ただし、それらの者が既にこれを知っているときは、この限りでない。

（遺言書保管事実証明書の交付）

第10条　何人も、遺言書保管官に対し、遺言書保管所における関係遺言書の保管の有無並びに当該関係遺言書が保管されている場合には遺言書保管ファイルに記録されている第7条第2項第二号（第4条第4項第一号に係る部分に限る。）及び第四号に掲げる事項を証明した書面（第12条第1項第三号において「遺言書保管事実証明書」という。）の交付を請求することができる。

2　前条第2項及び第4項の規定は、前項の請求について準用する。

（遺言書の検認の適用除外）

第11条　民法第1004条第1項の規定は、遺言書保管所に保管されている遺言書については、適用しない。

（手数料）

第12条　次の各号に掲げる者は、物価の状況のほか、当該各号に定める事務に要する実費を考慮して政令で定める額の手数料を納めなければならない。

　一　遺言書の保管の申請をする者　遺言書の保管及び遺言書に係る情報の管理に関する事務

　二　遺言書の閲覧を請求する者　遺言書の閲覧及びそのための体制の整備に関する事務

三　遺言書情報証明書又は遺言書保管事実証明書の交付を請求する者　遺言書情報証明書又は遺言書保管事実証明書の交付及びそのための体制の整備に関する事務

2　前項の手数料の納付は、収入印紙をもってしなければならない。

（行政手続法の適用除外）

第13条　遺言書保管官の処分については、行政手続法（平成5年法律第88号）第二章の規定は、適用しない。

（行政機関の保有する情報の公開に関する法律の適用除外）

第14条　遺言書保管所に保管されている遺言書及び遺言書保管ファイルについては、行政機関の保有する情報の公開に関する法律（平成11年法律第42号）の規定は、適用しない。

（行政機関の保有する個人情報の保護に関する法律の適用除外）

第15条　遺言書保管所に保管されている遺言書及び遺言書保管ファイルに記録されている保有個人情報（行政機関の保有する個人情報の保護に関する法律（平成15年法律第58号）第2条第5項に規定する保有個人情報をいう。）については、同法第四章の規定は、適用しない。

（審査請求）

第16条　遺言書保管官の処分に不服がある者又は遺言書保管官の不作為に係る処分を申請した者は、監督法務局又は地方法務局の長に審査請求をすることができる。

2　審査請求をするには、遺言書保管官に審査請求書を提出しなければならない。

3　遺言書保管官は、処分についての審査請求を理由があると認め、又は審査請求に係る不作為に係る処分をすべきものと認めるときは、相当の処分をしなければならない。

4　遺言書保管官は、前項に規定する場合を除き、3日以内に、意見を付して事件を監督法務局又は地方法務局の長に送付しなければならない。この場合において、監督法務局又は地方法務局の長は、当該意見を行政不服審査法（平成26年法律第68号）第11条第2項に規定する審理員に送付するものとする。

5　法務局又は地方法務局の長は、処分についての審査請求を理由があると認め、又は審査請求に係る不作為に係る処分をすべきものと認めるときは、遺言書保管官に相当の処分を命じ、その旨を審査請求人のほか利害関係人に通知しなければならない。

6　法務局又は地方法務局の長は、審査請求に係る不作為に係る処分についての申請を却下すべきものと認めるときは、遺言書保管官に当該申請を却下する処分を命じなければならない。

7　第1項の審査請求に関する行政不服審査法の規定の適用については、同法第29条第5項中「処分庁等」とあるのは「審査庁」と、「弁明書の提出」とあるのは「法務局における遺言書の保管等に関する法律（平成30年法律第73号）第16条第4項に規定する意見の送付」と、同法第30条第1項中「弁明書」とあるのは「法務局における遺言書の保管等に関する法律第16条第4項の意見」とする。

（行政不服審査法の適用除外）

第17条　行政不服審査法第13条、第15条第6項、第18条、第21条、第25条第2項から第7項まで、第29条第1項から第4項まで、第31条、第37条、第45条第3項、第46条、第47条、第49条第3項（審査請求に係る不作為が違法又は不当である旨の宣言に係る部分を除く。）から第5項まで及び第52条の規定は、前条第1項の審査請求については、適用しない。

（政令への委任）

第18条　この法律に定めるもののほか、遺言書保管所における遺言書の保管及び情報の管理に関し必要な事項は、政令で定める。

附則

　この法律は、公布の日から起算して2年を超えない範囲内において政令で定める日から施行する。

【著者紹介】

米倉　裕樹（よねくら　ひろき）

　弁護士・税理士。現在、弁護士法人北浜法律事務所パートナー。1993年 に立命館大学法学部を卒業後、1999年に弁護士登録（大阪弁護士会）。2006年に Northwestern University School of Law を卒業し、2007年に NY 州弁護士登録。2010年、近畿税理士会にて税理士登録し、現在に至る。

【主な著書】

『相続税［税務調査］指摘事項対応マニュアル』（編者、2018年）

『有利な心証を勝ち取る 民事訴訟遂行』（共著、2015年）

『税理士が実際に悩んだ相続問題の法務と税務』（2013年）

『そこが危ない！ 消費増税をめぐる契約実務』（2013年、以上、清文社）

条文から読み解く　民法［相続法制］改正点と実務への影響

2018年9月5日　発行

著　者　　米倉　裕樹　Ⓒ

発行者　　小泉　定裕

発行所　　株式会社 清文社
東京都千代田区内神田 1 - 6 - 6 （MIF ビル）
〒101-0047　電話03（6273）7946　FAX03（3518）0299
大阪市北区天神橋 2 丁目北 2 - 6 （大和南森町ビル）
〒530-0041　電話06（6135）4050　FAX06（6135）4059
URL http://www.skattsei.co.jp/

印刷：奥村印刷㈱

■著作権法により無断複写複製は禁止されています。落丁本・乱丁本はお取り替えします。
■本書の内容に関するお問い合わせは編集部まで FAX（03-3518-8864）でお願いします。
■本書の追録情報等は、当社ホームページ（http://www.skattsei.co.jp/）をご覧ください。

ISBN978-4-433-64978-4

相続税 税務調査
［指摘事項］対応マニュアル

〈編者〉　弁護士・税理士　米倉裕樹
〈著者〉　弁護士・税理士　橋森正樹／弁護士　元氏成保
　　　　　弁護士　阪本敬幸／税理士　徳田敏彦

今後ますます重要視される相続税対策・相続税調査対策にどう取り組むか！
税務調査に必要不可欠な理論武装の拠り所／難解な財産評価の重要な論点／
税務調査への事前対応・資料収集等々　詳解！

　　　　　　　　　　　　　■A5判 336頁／定価：本体 3,000円＋税

［ケース別論点解説］
公益法人・一般法人の
運営・会計・税務実践ガイド

公認会計士・税理士　岡部正義 著

全国規模の社団法人における社員の位置づけは？　企業・大学関連の公益財団における役員の構成要件は？　学会との学術集会の決算の関係は？　親族等で運営する社団法人への平成30年度税制改正の影響は？　等々、公益法人制度の基本的な仕組みから法人類型・取引・事業ごとの重要論点までわかりやすく丁寧に解説！

　　　　　　　　　　　　　■A5判 352頁／定価：本体 3,000円＋税

［評価明細書ごとに理解する］
非上場株式の評価実務
－改正評価通達対応版

税理士　柴田健次 著

判定手順や記載上の留意点を評価明細書ごとにおさえて正しく・迷わず評価できるよう解説！　会社規模の判定基準・類似業種比準価額の計算方法・株式保有特定会社の判定基準などの改正項目を反映した増補新版！
◆最終確認に使える評価明細書のチェックリスト付き

　　　　　　　　　　　　　■B5判 476頁／定価：本体 3,400円＋税

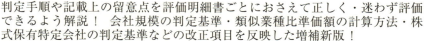